DEN KOMPLETTA MAJS KOKBOKEN

Vi firar de söta och salta smakerna av majs med 100 inspirerade recept

Hanna Pålsson

Copyright Material ©2024

Alla rättigheter förbehållna

Ingen del av denna bok får användas eller överföras i någon form eller på något sätt utan korrekt skriftligt medgivande från utgivaren och upphovsrättsinnehavaren, förutom korta citat som används i en recension. Den här boken bör inte betraktas som en ersättning för medicinsk, juridisk eller annan professionell rådgivning.

INNEHÅLLSFÖRTECKNING

INNEHÅLLSFÖRTECKNING 3
INTRODUKTION 6
MAJSKÄRNOR PÅ BURK 7
   1. Italienskt majsbröd 8
   2. Majs Och Hummer Empanadas 10
   3. Coconut Mochi Cornbread Muffins 13
   4. Gräddad majspizza 15
   5. Majs och svarta bönor salsa 17
   6. Krämig majschowder 19
   7. Corn Fritters 21
   8. Majs och potatis Hash 23
   9. Ostig majsgryta 25
  10. Majs och avokadosallad 27
  11. Majs och zucchini fritters 29
  12. Sydvästra majssallad 31
  13. Majs- och baconquiche 33
  14. Majsbrödsmuffins med honungsmör 35
  15. Majs och krabba dip 37
  16. Majs och kycklinggryta 39
  17. Majs och spenat fyllda kycklingbröst 41
  18. Majs och tomat bruschetta 43
  19. Majs och Broccoli gryta 45
  20. Majs och räkor Tacos 47
  21. Majs och bacon fyllda svampar 49
  22. Majs och ost Quesadillas 51
  23. Majs och tomatsoppa 53
  24. Majs och tonfisksallad 55
  25. Majs och potatissallad 57
  26. Majs och skinkchowder 59
  27. Majs och potatissoppa 61
  28. Majs- och baconpastasallad 63
  29. Majs och spenat Quesadillas 65

SÖTMAJS PÅ BURK 67
  30. Sockermajs Arancini 68
  31. Tonfisk spenatsallad 71
  32. Tonfisk Avokado Svamp Och Mango Sallad 73
  33. Margarita laxsallad 75
  34. Tonfisk & Rädisa Sallad Smörgås 78
  35. Sallad Av Röda Bönor Med Guacamole 80
  36. Copycat Ikea Veggie Balls 82
  37. Majssufflé 84

38. Sockermajs Creme Brûlée 86
39. Sockermajs Chowder 88
40. Sockermajs och tomatsallad 90
41. Sockermajs och Bacondipp 92
42. Sockermajs och avokadosalsa 94
43. Sockermajs och Baconpasta 96
44. Sockermajs och spenat Quesadillas 98
45. Sockermajs och skinkchowder 100
46. Sockermajs och ost Empanadas 102
47. Sockermajs och kyckling Enchiladas 104
48. Sockermajs och grönsaksröra 106
49. Sockermajs och krabbasoppa 108
50. Sockermajs och Zucchini Fritters 110
51. Sockermajs och Räksallad 112
52. Sockermajs och cheddarmuffins 114
53. Sockermajs och baconlindade Jalapeños 116
54. Sockermajs och Zucchini Fritters 118
55. Sockermajs och krabbakakor 120
56. Sockermajs och tomatsoppa 122
57. Sockermajs och avokadosallad 124
58. Sockermajs och potatissallad 126
59. Sockermajs och Cilantro Lime Ris 128
60. Sockermajs och cheddarmuffins 130
61. Sockermajs och nötköttstacos 132
62. Chilenska sockermajspaket 134
63. Kolja & Sockermajs Chowder 136
64. Bulgarsallad med kikärter och sockermajs 138
65. Squash, sockermajs och bönsoppa 140
66. Sockermajs och svampfyllning 142
67. Sockermajskakor 144
68. Sockermajsfondue 146
69. Sockermajs Grillkakor med lax 148
70. Sockermajs i en filt 150
71. Sockermajsmuffins 152
72. Sockermajspaket med kreolsmör 154
73. Sockermajspolenta med kryddig tomatsås 156
74. Sockermajs grönsaksmedley med räkor och nudlar 158
75. Tempeh & Sockermajsstek med svamp 160
76. Sockermajsfritters med sötpotatischips 162
77. Tomat-, majs- och basilikasoppa med pestokrutonger 164
78. Tonfisk och Sockermajspizza 166

KRÄDAD MAJS 168
79. Gräddade majspannkakor 169
80. Grädde majs majsbröd 171

81. Gräddade majs sötpotatisquicher 173
82. Tonfisk och krämig majsmakaroner 175
83. Majspaj 177
84. Majs soppa 179
85. Karibiskt Habanero majsbröd 182
86. Caramel Popcorn Extravaganza Cupcakes 184
87. Quinoa majs chowder 187
88. Gräddad majsgryta 189
89. Gräddad majsdip 191
90. Gräddad majs och spenat fyllda kycklingbröst 193
91. Gräddad majs- och skinkaquiche 195
92. Gräddad majs och baconfyllda svampar 197
93. Gräddad majs och korv frukost gryta 199
94. Gräddad majs och krabba fyllda paprika 201
95. Gräddpaj med majs och kyckling 203
96. Gräddade majs- och baconpotatisskinn 205
97. Gräddad majs och bacon fyllda Jalapeños 207
98. Creamed majs och bacon deviled ägg 209
99. Gräddad majs och cheddarfyllda kycklingbröst 211
100. Gräddad majs och potatisgratäng 213

SLUTSATS 215

INTRODUKTION

Välkommen till "DEN KOMPLETTA MAJS KOKBOKEN", där vi hyllar de söta och salta smakerna av majs med 100 inspirerade recept som visar upp mångsidigheten och läckerheten hos denna ödmjuka skafferi. Konserverad majs, som ofta förbises i kulinarisk kreativitet, är en mångsidig ingrediens som kan lyfta vilken maträtt som helst med sina söta, gyllene kärnor. I den här kokboken ger vi oss ut på en kulinarisk resa för att utforska de otaliga sätten på vilka konserverad majs kan förvandla vanliga måltider till extraordinära kulinariska upplevelser.

I den här kokboken kommer du att upptäcka en skattkammare av recept som hyllar de rika och mångsidiga smakerna av konserverad majs. Från tröstande soppor och rejäla kassler till livfulla sallader och smakrika huvudrätter, varje recept är utformat för att visa upp den söta och salta godheten hos denna älskade ingrediens. Oavsett om du lagar mat för en folkmassa eller njuter av en mysig måltid hemma, ger konserverad majs djup och fyllighet till varje rätt den rör vid.

Det som skiljer "DEN KOMPLETTA MAJS KOKBOKEN" är dess betoning på kreativitet och tillgänglighet. Oavsett om du är en erfaren kock eller nybörjare, är dessa recept utformade för att vara lättillgängliga och anpassningsbara, med enkla ingredienser och lätta att följa tekniker. Med konserverad majs som ditt hemliga vapen har du kraften att förvandla vanligt mellanmål till extraordinära kulinariska upplevelser som kommer att glädja dina smaklökar och imponera på dina gäster.

Genom hela den här kokboken hittar du praktiska tips för att införliva konserverad majs i dina favoritrecept, samt fantastisk fotografering för att inspirera dina kulinariska äventyr. Oavsett om du utforskar klassisk komfortmat eller experimenterar med internationella smaker, inbjuder "DEN KOMPLETTA MAJS KOKBOKEN" dig att släppa loss din kreativitet i köket och upptäcka de oändliga möjligheterna med denna mångsidiga ingrediens.

MAJSKÄRNOR på burk

1.Italienskt majsbröd

INGREDIENSER:
- 1 ½ dl fint majsmjöl
- 2 koppar universalmjöl
- 2 tsk bakpulver
- 1 tsk salt
- ¼ kopp strösocker
- 2 stora ägg
- 1 kopp kärnmjölk
- ½ kopp vegetabilisk olja
- ⅓ kopp majskärnor (på burk)

INSTRUKTIONER:
a) Värm ugnen till 180°C (350°F) och smörj en brödform eller en ugnsform med olja eller smör.
b) I en stor blandningsskål, vispa samman majsmjöl, allsidigt mjöl, bakpulver, salt och strösocker tills det är väl blandat.
c) Vispa ägg, kärnmjölk och vegetabilisk olja i en separat skål tills de är väl blandade.
d) Häll de blöta ingredienserna i de torra ingredienserna och blanda tills det precis blandas. Blanda inte för mycket.
e) Vänd ner majskärnorna i smeten.
f) Häll smeten i den smorda brödformen eller ugnsformen, fördela den jämnt.
g) Grädda i den förvärmda ugnen i cirka 30-35 minuter, eller tills en tandpetare som sticks in i mitten kommer ut ren.
h) Ta ut Pane di Mais från ugnen och låt den svalna i pannan i några minuter. Överför sedan den till ett galler för att svalna helt.
i) När svalnat, skiva och servera Pane di Mais som du vill.

2.Majs Och Hummer Empanadas

INGREDIENSER:

DEG:
- 1 ¼ koppar vatten
- 2 msk grönsaksfett eller ister
- 1 matsked salt
- 4 koppar universalmjöl
- 1 tsk champagnevinäger

FYLLNING:
- ¼ kopp (½ pinne) osaltat smör
- 2 msk tärnad spansk lök
- ¼ kopp plus 2 matskedar universalmjöl
- 2 msk vitt vin
- 1 kopp helmjölk
- 1 kopp majskärnor (på burk)
- ¼ tesked mald spiskummin
- ¼ tesked söt rökt paprika
- ⅛ tesked mald koriander
- Salta och peppra efter smak
- 1 kopp grovt hackat kokt hummerkött (från ungefär en 1-kilos hummer, kokad i 7 minuter och chockad i isvatten)
- ¾ kopp riven skarp cheddarost
- 2 msk hackad gräslök
- 2 äggulor blandade med 2 msk vatten

INSTRUKTIONER:

FÖRBERED DEGEN:
a) I en liten kastrull, kombinera vatten, matfett (eller ister) och salt. Koka upp, ta sedan av värmen och låt vila i 5 minuter.
b) Lägg mjölet i skålen på en stavmixer utrustad med en degkrok. Tillsätt vattenblandningen och champagnevinägern.
c) Blanda på medelhastighet tills den blandas, öka sedan hastigheten och blanda i ca 5 minuter tills degen bildar en boll och rent drar sig bort från skålens sidor. Tillsätt en matsked vatten om det behövs.
d) Ta ut degen från bunken, täck den med plastfolie och låt stå i rumstemperatur i 10 minuter.
e) Skär degen i fjärdedelar.

f) Kavla ut en degbit till ett ⅛ tum tjockt ark med hjälp av en pastarulle eller en kavel.
g) Använd en 4 ½-tums rund skärare och skär ut 2 cirklar från arket.
h) Lägg degcirklarna på en bakplåtspappersklädd plåt och täck med ytterligare ett lager bakplåtspapper. Upprepa med de återstående degbitarna.
i) Kyl i minst 2 timmar.

FÖRBEREDA FYLLNINGEN:
j) Smält smöret i en tjock stekpanna på medelvärme.
k) Tillsätt den hackade löken och fräs tills den är genomskinlig (cirka 2 minuter).
l) Tillsätt mjölet och blanda för att kombinera.
m) Tillsätt det vita vinet och mjölken. Sänk värmen och rör hela tiden tills blandningen tjocknar (cirka 2 minuter).
n) Tillsätt majs, spiskummin, paprika, koriander och smaka av med salt och peppar.
o) Ta bort från värmen och tillsätt hummerköttet, cheddarosten och gräslöken. Ställ åt sidan för att svalna.

SAMMANSTÄLL EMPANADARNA:
p) Värm ugnen till 425ºF.
q) Lägg degcirklarna på en lätt mjölad yta.
r) Lägg en hög matsked av majs-hummerfyllningen i mitten av en cirkel.
s) Pensla kanterna på degen med ägguletvätt.
t) Vik cirkeln över sig själv, tryck till kanterna med fingrarna eller en gaffel för att försegla och lägg den på en plåt.
u) Upprepa tills alla empanadas är fyllda.
v) Grädda empanadan tills de är gyllenbruna och pösiga, vilket tar cirka 15 till 20 minuter.
w) Servera empanadan varma.

3. Coconut Mochi Cornbread Muffins

INGREDIENSER:
- ½ kopp osaltat smör, smält
- ⅓ kopp honung
- 2 msk farinsocker
- 1 stort ägg, uppvispat
- 1 dl kokosmjölk
- 1 kopp majsmjöl
- 1 kopp mochikomjöl
- 1 tsk bakpulver
- ½ tesked bakpulver
- ⅛ tesked salt
- 1 dl majskärnor, konserverade
- Honungssmör till servering

INSTRUKTIONER:
a) Värm ugnen till 425F. Smörj varje muffinsform med vegetabilisk olja eller smält smör.
b) I en skål, vispa ihop smält smör, honung, farinsocker, uppvispat ägg och kokosmjölk tills det är väl inkorporerat. Avsätta.
c) I en separat stor skål, vispa ihop majsmjöl, mochikomjöl, bakpulver, bakpulver och salt tills det är inkorporerat.
d) Häll de våta ingredienserna i de torra ingredienserna och blanda tills det blandas. Vänd ner majskärnorna, var noga med att inte blanda för mycket.
e) Häll ner smeten i muffinsformen.
f) Grädda kokosmajsbröd-mochi-muffinsen i ca 20-25 minuter tills toppen har fått färg och mitten är tillagad. Använd en tandpetare för att kontrollera om den är färdig; det ska komma ut rent.
g) Låt muffinsen svalna några minuter innan du tar ut dem ur formen.
h) Servera kokosmajsbrödsmochi-muffinsen varma med honungssmör.

4.Gräddad majspizza

INGREDIENSER:
- ½ recept av traditionell italiensk basdeg
- 10 druv- eller körsbärstomater, halverade
- ½ lök, hackad
- svartpeppar och rödpepparflingor, valfritt
- Chorizo smulas, en halv kopp
- 6 färska basilikablad

TILL DEN GREMADE MAJSÅSEN
- 1/2 kopp konserverad kokosmjölk
- 1 matsked näringsjäst,
- 1¾ koppar konserverade majskärnor, delade, tinade
- ¾ tesked havssalt
- 2 msk smör, mjukat
- 2 msk Tapiokastärkelse
- 1 vitlöksklyfta
- 1 tsk rörsocker

INSTRUKTIONER:
a) Blanda 1¼ koppar majs med de återstående såsingredienserna.
b) Sträck ut degen till en diameter på 12 tum.
c) Flytta till en plåt eller pizzasten.
d) Bred på degen ungefär hälften av den gräddade majssåsen på.
e) Inkludera lök, tomater, chorizo och den sista en halv kopp majs.
f) Grädda i 15–17 minuter.
g) Toppa med färsk basilika, svartpeppar och rödpepparflingor.

5. Majs och svarta bönor salsa

INGREDIENSER:
- 1 burk (15 uns) majskärnor, avrunna
- 1 burk (15 uns) svarta bönor, avrunna och sköljda
- 1 stor tomat, tärnad
- 1/2 rödlök, finhackad
- 1/4 kopp hackad färsk koriander
- Saften av 2 limefrukter
- Salta och peppra efter smak
- Valfritt: tärnad jalapeno för värme

INSTRUKTIONER:
a) I en stor skål, kombinera majskärnor, svarta bönor, tärnad tomat, hackad rödlök och koriander.
b) Pressa limesaften över blandningen och blanda försiktigt för att kombinera.
c) Krydda med salt och peppar efter smak. Om så önskas, tillsätt tärnad jalapeno för extra värme.
d) Ställ i kylen i minst 30 minuter så att smakerna smälter samman.
e) Servera med tortillachips eller som topping till tacos eller grillat kött.

6.Krämig majschowder

INGREDIENSER:
- 2 burkar (15 uns vardera) majskärnor, avrunna
- 4 skivor bacon, tärnade
- 1 lök, hackad
- 2 potatisar, tärnade
- 4 dl kyckling- eller grönsaksbuljong
- 1 kopp tung grädde
- Salta och peppra efter smak
- Hackad färsk gräslök till garnering (valfritt)

INSTRUKTIONER:
a) Koka det hackade baconet på medelhög värme i en stor gryta eller holländsk ugn tills det är knaprigt. Ta bort baconet med en hålslev och ställ åt sidan, låt baconfettet ligga kvar i grytan.
b) Tillsätt den hackade löken i grytan och koka tills den mjuknat, cirka 5 minuter.
c) Rör ner den tärnade potatisen och koka i ytterligare 5 minuter.
d) Tillsätt de avrunna majskärnorna och kyckling- eller grönsaksbuljongen i grytan. Låt koka upp och koka tills potatisen är mjuk, ca 15-20 minuter.
e) Använd en stavmixer för att delvis blanda soppan tills önskad konsistens uppnås, och lämna några bitar av potatis och majs intakta.
f) Rör ner den tunga grädden och smaka av med salt och peppar.
g) Servera varm, garnerad med hackad färsk gräslök och reserverat knaprigt bacon.

7.Corn Fritters

INGREDIENSER:
- 1 burk (15 uns) majskärnor, avrunna
- 1/2 kopp universalmjöl
- 1/4 kopp majsmjöl
- 1 tsk bakpulver
- 1/2 tsk salt
- 1/4 tsk svartpeppar
- 1/4 kopp mjölk
- 1 ägg, uppvispat
- 2 msk smält smör
- Olja för stekning

INSTRUKTIONER:
a) I en stor skål, vispa ihop mjöl, majsmjöl, bakpulver, salt och svartpeppar.
b) I en separat skål, kombinera mjölk, uppvispat ägg och smält smör.
c) Häll de blöta ingredienserna i de torra ingredienserna och rör om tills det precis blandas. Vänd ner de avrunna majskärnorna.
d) Hetta upp olja i en stor stekpanna på medelvärme.
e) Droppa skedar av smeten i den heta oljan, fördela dem lätt med baksidan av skeden.
f) Stek frittorna tills de är gyllenbruna på ena sidan, vänd sedan och stek dem gyllenbruna på andra sidan, ca 2-3 minuter per sida.
g) Ta bort frittorna från stekpannan och låt rinna av på hushållspapper.
h) Servera varm som tillbehör eller aptitretare, eventuellt med gräddfil eller valfri dippsås.

8.Majs och potatis Hash

INGREDIENSER:
- 1 burk (15 uns) majskärnor, avrunna
- 2 stora potatisar, skalade och tärnade
- 1 lök, tärnad
- 2 vitlöksklyftor, hackade
- 2 matskedar olivolja
- 1 tsk paprika
- Salta och peppra efter smak
- Hackad färsk persilja till garnering

INSTRUKTIONER:
a) Hetta upp olivolja i en stor stekpanna på medelvärme.
b) Tillsätt tärnad potatis i stekpannan och koka tills den börjar få färg, cirka 8-10 minuter.
c) Tillsätt hackad lök och hackad vitlök i stekpannan och koka tills den mjuknat, cirka 5 minuter.
d) Rör ner de avrunna majskärnorna och paprikan. Koka i ytterligare 5 minuter, rör om då och då.
e) Krydda med salt och peppar efter smak.
f) Servera varm, garnerad med hackad färsk persilja.

9.Ostig majsgryta

INGREDIENSER:
- 2 burkar (15 uns vardera) majskärnor, avrunna
- 1 burk (14,75 ounces) majs i gräddstil
- 1/2 kopp smör, smält
- 1 kopp gräddfil
- 1 låda (8,5 uns) majsmuffinsblandning
- 2 dl riven cheddarost
- Salta och peppra efter smak
- Valfritt: skivad salladslök för garnering

INSTRUKTIONER:
a) Värm ugnen till 350°F (175°C). Smörj en 9x13-tums ugnsform.
b) I en stor skål, kombinera de avrunna majskärnorna, gräddliknande majs, smält smör, gräddfil och majsmuffinsmix. Blanda väl.
c) Rör ner 1 dl riven cheddarost och smaka av med salt och peppar.
d) Häll blandningen i den förberedda ugnsformen och fördela den jämnt.
e) Strö över den återstående 1 koppen strimlad cheddarost över toppen.
f) Grädda i den förvärmda ugnen i 45-50 minuter, eller tills grytan stelnat och gyllenbrun ovanpå.
g) Låt svalna några minuter innan servering.
h) Garnera med skivad salladslök om så önskas.

10.Majs och avokadosallad

INGREDIENSER:
- 1 burk (15 uns) majskärnor, avrunna
- 2 mogna avokado, tärnade
- 1 halvliter körsbärstomater, halverade
- 1/4 kopp rödlök, finhackad
- 1/4 kopp hackad färsk koriander
- Saft av 1 lime
- 2 matskedar olivolja
- Salta och peppra efter smak

INSTRUKTIONER:
a) I en stor skål, kombinera de avrunna majskärnorna, tärnad avokado, halverade körsbärstomater, hackad rödlök och hackad koriander.
b) I en liten skål, vispa ihop limejuice och olivolja. Krydda med salt och peppar efter smak.
c) Häll dressingen över salladen och blanda försiktigt.
d) Servera omedelbart eller kyl i upp till 1 timme innan servering för att smakerna ska smälta.

11. Majs och zucchini fritters

INGREDIENSER:
- 1 burk (15 uns) majskärnor, avrunna
- 1 medelstor zucchini, riven
- 2 salladslökar, tunt skivade
- 1/4 kopp universalmjöl
- 1/4 kopp riven parmesanost
- 1 ägg, uppvispat
- 1/2 tsk vitlökspulver
- Salta och peppra efter smak
- Olivolja till stekning

INSTRUKTIONER:
a) I en stor skål, kombinera de avrunna majskärnorna, riven zucchini, skivad salladslök, mjöl, parmesanost, uppvispat ägg, vitlökspulver, salt och peppar. Blanda tills det är väl blandat.
b) Hetta upp olivolja i en stor stekpanna på medelvärme.
c) Droppa skedar av majs- och zucchiniblandningen i den heta oljan, platta till dem något med baksidan av skeden.
d) Stek frittorna tills de är gyllenbruna på ena sidan, vänd sedan och stek dem gyllenbruna på andra sidan, ca 3-4 minuter per sida.
e) Ta bort frittorna från stekpannan och låt rinna av på hushållspapper.
f) Servera varm, eventuellt med en klick gräddfil eller en klick limejuice.

12.Sydvästra majssallad

INGREDIENSER:
- 2 burkar (15 uns vardera) majskärnor, avrunna
- 1 röd paprika, tärnad
- 1 grön paprika, tärnad
- 1/2 rödlök, finhackad
- 1/4 kopp hackad färsk koriander
- Saften av 2 limefrukter
- 2 matskedar olivolja
- 1 tsk malen spiskummin
- Salta och peppra efter smak
- Valfritt: tärnad avokado till garnering

INSTRUKTIONER:
a) I en stor skål, kombinera de avrunna majskärnorna, tärnad röd paprika, tärnad grön paprika, hackad rödlök och hackad koriander.
b) I en liten skål, vispa ihop limejuice, olivolja, mald spiskummin, salt och peppar.
c) Häll dressingen över salladen och blanda försiktigt.
d) Om så önskas, garnera med tärnad avokado innan servering.
e) Servera kyld eller i rumstemperatur.

13. Majs- och baconquiche

INGREDIENSER:
- 1 förberedd pajskal
- 1 burk (15 uns) majskärnor, avrunna
- 6 skivor bacon, kokta och smulade
- 1 dl riven cheddarost
- 4 stora ägg
- 1 kopp halv-och-halva
- Salta och peppra efter smak
- Nypa muskotnöt

INSTRUKTIONER:
a) Värm ugnen till 375°F (190°C).
b) Lägg det förberedda pajskalet i en pajform.
c) Strö de avrunna majskärnorna, kokt och smulat bacon och strimlad cheddarost jämnt över botten av pajskalet.
d) I en separat skål, vispa ihop äggen, hälften och hälften, salt, peppar och muskotnöt.
e) Häll äggblandningen över majs, bacon och ost i pajskalet.
f) Grädda i den förvärmda ugnen i 35-40 minuter, eller tills pajen stelnat och gyllenbrun ovanpå.
g) Låt svalna några minuter innan du skivar och serverar.

14. Majsbrödsmuffins med honungsmör

INGREDIENSER:
- 1 burk (15 uns) majskärnor, avrunna
- 1 kopp universalmjöl
- 1 kopp gult majsmjöl
- 1/4 kopp strösocker
- 1 msk bakpulver
- 1/2 tsk salt
- 1 dl mjölk
- 1/4 kopp vegetabilisk olja
- 1/4 kopp honung
- 2 stora ägg
- 1/2 kopp osaltat smör, mjukat
- 2 matskedar honung

INSTRUKTIONER:
a) Värm ugnen till 400°F (200°C). Smörj en muffinsform eller klä med papper.
b) I en stor skål, kombinera mjöl, majsmjöl, socker, bakpulver och salt.
c) I en annan skål, vispa ihop mjölk, vegetabilisk olja, honung och ägg.
d) Häll de blöta ingredienserna i de torra ingredienserna och rör om tills det precis blandas. Vänd ner de avrunna majskärnorna.
e) Fördela smeten jämnt mellan muffinsformarna, fyll var och en till cirka 2/3.
f) Grädda i den förvärmda ugnen i 15-18 minuter, eller tills den är gyllenbrun och en tandpetare som sticks in i mitten kommer ut rent.
g) Medan muffinsen gräddas, förbered honungssmöret genom att blanda ihop det mjukade smöret och honungen tills det är slätt.
h) Servera de varma majsbrödsmuffinsen med honungssmöret.

15.Majs och krabba dip

INGREDIENSER:
- 1 burk (15 uns) majskärnor, avrunna
- 8 uns krabbkött, plockat över för skal
- 8 uns färskost, mjukad
- 1/2 kopp majonnäs
- 1/2 kopp gräddfil
- 1 dl riven mozzarellaost
- 1/4 kopp riven parmesanost
- 2 salladslökar, tunt skivade
- 1 tsk Worcestershiresås
- 1/2 tsk vitlökspulver
- Salta och peppra efter smak
- Valfritt: hackad färsk persilja till garnering
- Tortillachips eller kex till servering

INSTRUKTIONER:
a) Värm ugnen till 375°F (190°C). Smörj en ugnsform.
b) Kombinera de avrunna majskärnorna, krabbköttet, mjukgjord färskost, majonnäs, gräddfil, riven mozzarellaost, riven parmesanost, skivad salladslök, Worcestershiresås, vitlökspulver, salt och peppar i en stor skål. Blanda tills det är väl blandat.
c) Överför blandningen till den förberedda ugnsformen och fördela den jämnt.
d) Grädda i den förvärmda ugnen i 25-30 minuter, eller tills den är varm och bubblig.
e) Om så önskas, garnera med hackad färsk persilja innan servering.
f) Servera varm med tortillachips eller kex till doppning.

16.Majs och kycklinggryta

INGREDIENSER:
- 1 burk (15 uns) majskärnor, avrunna
- 2 dl tillagad kyckling, strimlad eller tärnad
- 1 burk (10,5 ounces) kondenserad grädde kycklingsoppa
- 1/2 kopp gräddfil
- 1 dl riven cheddarost
- 1 kopp krossade smöriga kex (som Ritz)
- 2 msk smält smör
- Salta och peppra efter smak

INSTRUKTIONER:
a) Värm ugnen till 350°F (175°C). Smörj en 9x13-tums ugnsform.
b) I en stor skål, kombinera de avrunna majskärnorna, kokt kyckling, kondenserad grädde av kycklingsoppa, gräddfil och strimlad cheddarost. Krydda med salt och peppar efter smak. Blanda tills det är väl blandat.
c) Överför blandningen till den förberedda ugnsformen och fördela den jämnt.
d) I en liten skål, blanda ihop de krossade smöriga kexen och det smälta smöret. Strö blandningen över toppen av grytan.
e) Grädda i den förvärmda ugnen i 25-30 minuter, eller tills den är varm och bubblig.
f) Låt svalna några minuter innan servering.

17.Majs och spenat fyllda kycklingbröst

INGREDIENSER:
- 4 benfria, skinnfria kycklingbröst
- Salta och peppra efter smak
- 1 burk (15 uns) majskärnor, avrunna
- 1 dl hackad färsk spenat
- 1/2 kopp strimlad mozzarellaost
- 1/4 kopp riven parmesanost
- 1/4 kopp majonnäs
- 1 msk olivolja
- 1 tsk vitlökspulver
- 1/2 tsk paprika

INSTRUKTIONER:
a) Värm ugnen till 375°F (190°C). Smörj en ugnsform.
b) Krydda kycklingbrösten med salt och peppar.
c) I en medelstor skål, kombinera de avrunna majskärnorna, hackad färsk spenat, strimlad mozzarellaost, riven parmesanost, majonnäs, olivolja, vitlökspulver och paprika. Blanda tills det är väl blandat.
d) Skär en skåra horisontellt längs sidan av varje kycklingbröst för att bilda en ficka.
e) Fyll varje kycklingbröst med majs- och spenatblandningen, tryck till för att täta öppningen.
f) Lägg de fyllda kycklingbrösten i den förberedda ugnsformen.
g) Grädda i den förvärmda ugnen i 25-30 minuter, eller tills kycklingen är genomstekt och inte längre rosa i mitten.
h) Servera varm, eventuellt med en sida av ångade grönsaker eller ris.

18. Majs och tomat bruschetta

INGREDIENSER:
- 1 burk (15 uns) majskärnor, avrunna
- 1 pint körsbärstomater, i fjärdedelar
- 2 vitlöksklyftor, hackade
- 1/4 kopp hackad färsk basilika
- 2 msk balsamvinäger
- 2 matskedar extra virgin olivolja
- Salta och peppra efter smak
- Baguetteskivor, rostade

INSTRUKTIONER:
a) I en stor skål, kombinera de avrunna majskärnorna, kvartade körsbärstomater, hackad vitlök, hackad färsk basilika, balsamvinäger och extra virgin olivolja. Krydda med salt och peppar efter smak. Blanda tills det är väl blandat.
b) Låt blandningen stå i rumstemperatur i cirka 15-20 minuter så att smakerna smälter samman.
c) Skeda majs- och tomatblandningen på rostade baguetteskivor.
d) Servera omedelbart som förrätt eller mellanmål.

19.Majs och Broccoli gryta

INGREDIENSER:
- 1 burk (15 uns) majskärnor, avrunna
- 2 dl hackade broccolibuktor
- 1 dl riven cheddarost
- 1/2 kopp majonnäs
- 1/2 kopp gräddfil
- 1/4 kopp riven parmesanost
- 1/4 kopp ströbröd
- 2 msk smält smör
- Salta och peppra efter smak

INSTRUKTIONER:
a) Värm ugnen till 350°F (175°C). Smörj en 9x13-tums ugnsform.
b) I en stor skål, kombinera de avrunna majskärnorna, hackade broccolibuktor, strimlad cheddarost, majonnäs, gräddfil och riven parmesanost. Krydda med salt och peppar efter smak. Blanda tills det är väl blandat.
c) Överför blandningen till den förberedda ugnsformen och fördela den jämnt.
d) I en liten skål, blanda ihop ströbröd och smält smör. Strö blandningen över toppen av grytan.
e) Grädda i den förvärmda ugnen i 25-30 minuter, eller tills den är varm och bubblig.
f) Låt svalna några minuter innan servering.

20.Majs och räkor Tacos

INGREDIENSER:
- 1 burk (15 uns) majskärnor, avrunna
- 1 pund räkor, skalade och deveirade
- 1 msk olivolja
- 1 tsk chilipulver
- 1/2 tsk spiskummin
- Salta och peppra efter smak
- 8 små mjöl- eller majstortillas
- Pålägg: strimlad sallad, tärnade tomater, tärnad avokado, hackad koriander, limeklyftor

INSTRUKTIONER:
a) Värm olivolja på medelhög värme i en stor stekpanna.
b) Krydda räkorna med chilipulver, spiskummin, salt och peppar.
c) Tillsätt de kryddade räkorna i stekpannan och stek tills de är rosa och genomstekta, cirka 2-3 minuter per sida.
d) Ta bort räkorna från stekpannan och ställ åt sidan.
e) Tillsätt de avrunna majskärnorna i samma stekpanna och koka tills de är genomvärmda, cirka 2-3 minuter.
f) Värm tortillorna enligt anvisningarna på förpackningen.
g) Montera tacosen genom att lägga några majskärnor och räkor på varje tortilla.
h) Toppa med strimlad sallad, tärnade tomater, tärnad avokado, hackad koriander och en kläm limejuice.
i) Servera omedelbart.

21. Majs och bacon fyllda svampar

INGREDIENSER:
- 1 burk (15 uns) majskärnor, avrunna
- 16 stora svampar, stjälkarna borttagna
- 6 skivor bacon, kokta och smulade
- 1/2 kopp strimlad mozzarellaost
- 1/4 kopp riven parmesanost
- 2 salladslökar, tunt skivade
- 2 msk ströbröd
- 2 msk smält smör
- Salta och peppra efter smak

INSTRUKTIONER:
a) Värm ugnen till 375°F (190°C). Smörj en ugnsform.
b) I en stor skål, kombinera de avrunna majskärnorna, kokt och smulat bacon, strimlad mozzarellaost, riven parmesanost, skivad salladslök, ströbröd, smält smör, salt och peppar. Blanda tills det är väl blandat.
c) Fyll varje svamplock med majs- och baconblandningen, tryck försiktigt för att packa in den.
d) Lägg de fyllda svamparna i den förberedda ugnsformen.
e) Grädda i den förvärmda ugnen i 20-25 minuter, eller tills svampen är mjuk och fyllningen är gyllenbrun ovanpå.
f) Låt svalna några minuter innan servering.

22.Majs och ost Quesadillas

INGREDIENSER:
- 1 burk (15 uns) majskärnor, avrunna
- 2 koppar riven ost (som cheddar eller Monterey Jack)
- 8 små mjöltortillas
- 1 msk smör
- Valfria pålägg: salsa, gräddfil, guacamole

INSTRUKTIONER:
a) Värm en stor stekpanna över medelvärme.
b) Bred ut ett tunt lager smör på ena sidan av varje tortilla.
c) Lägg en tortilla med smörsidan nedåt i stekpannan.
d) Strö strimlad ost jämnt över tortillan.
e) Lägg ett lager av avrunna majskärnor ovanpå osten.
f) Toppa med en annan tortilla, smörsidan uppåt.
g) Koka tills den nedre tortillan är gyllenbrun och krispig och osten smält, ca 2-3 minuter per sida.
h) Upprepa med de återstående tortillorna och fyllningsingredienserna.
i) Skär quesadillasna i klyftor och servera varma, eventuellt med salsa, gräddfil eller guacamole vid sidan av.

23.Majs och tomatsoppa

INGREDIENSER:
- 1 burk (15 uns) majskärnor, avrunna
- 1 burk (14,5 uns) tärnade tomater
- 1 lök, tärnad
- 2 vitlöksklyftor, hackade
- 4 dl grönsaks- eller kycklingbuljong
- 1 tsk torkad timjan
- Salta och peppra efter smak
- Valfritt pålägg: hackad färsk basilika, riven parmesanost

INSTRUKTIONER:
a) Värm lite olivolja på medelvärme i en stor gryta.
b) Tillsätt hackad lök och hackad vitlök i grytan och koka tills den mjuknat, cirka 5 minuter.
c) Häll i de tärnade tomaterna (med deras saft) och avrunna majskärnor. Koka i ytterligare 5 minuter.
d) Tillsätt grönsaks- eller kycklingbuljongen och torkad timjan. Koka upp blandningen, sänk sedan värmen och låt det puttra i 15-20 minuter.
e) Använd en stavmixer för att mixa soppan tills den är slät. Alternativt kan du överföra soppan till en mixer och mixa tills den är slät och sedan tillbaka i grytan.
f) Krydda med salt och peppar efter smak.
g) Servera varm, eventuellt garnerad med hackad färsk basilika och riven parmesanost.

24.Majs och tonfisksallad

INGREDIENSER:
- 1 burk (15 uns) majskärnor, avrunna
- 2 burkar (5 uns vardera) tonfisk, avrunna
- 1/2 rödlök, finhackad
- 1/4 kopp hackad färsk persilja
- 2 msk majonnäs
- 1 msk dijonsenap
- Saften av 1 citron
- Salta och peppra efter smak
- Valfritt: tärnad selleri eller paprika för extra crunch

INSTRUKTIONER:
a) I en stor skål, kombinera de avrunna majskärnorna, avrunnen tonfisk, hackad rödlök och hackad färsk persilja.
b) Vispa ihop majonnäs, dijonsenap och citronsaft i en liten skål.
c) Häll dressingen över salladen och blanda försiktigt.
d) Krydda med salt och peppar efter smak. Om så önskas, tillsätt tärnad selleri eller paprika för extra crunch.
e) Servera kyld som smörgåsfyllning, ovanpå grönsallad eller med kex.

25.Majs och potatissallad

INGREDIENSER:
- 1 burk (15 uns) majskärnor, avrunna
- 2 stora potatisar, kokta och tärnade
- 1/2 rödlök, finhackad
- 1/4 kopp hackad färsk dill
- 1/4 kopp majonnäs
- 2 msk dijonsenap
- 1 msk vitvinsvinäger
- Salta och peppra efter smak
- Valfritt: hackad pickles eller kapris för extra smak

INSTRUKTIONER:
a) I en stor skål, kombinera de avrunna majskärnorna, tärnad kokt potatis, hackad rödlök och hackad färsk dill.
b) I en liten skål, vispa ihop majonnäs, dijonsenap och vitvinsvinäger.
c) Häll dressingen över salladen och blanda försiktigt.
d) Krydda med salt och peppar efter smak. Om så önskas, tillsätt hackad pickles eller kapris för extra smak.
e) Servera kyld som tillbehör eller som lätt lunch.

26.Majs och skinkchowder

INGREDIENSER:
- 1 burk (15 uns) majskärnor, avrunna
- 1 kopp tärnad kokt skinka
- 2 potatisar, skalade och tärnade
- 1 lök, tärnad
- 2 vitlöksklyftor, hackade
- 4 dl kyckling- eller grönsaksbuljong
- 1 kopp tung grädde
- 2 matskedar smör
- 2 msk universalmjöl
- Salta och peppra efter smak
- Hackad färsk gräslök till garnering

INSTRUKTIONER:
a) Smält smöret på medelvärme i en stor gryta.
b) Tillsätt hackad lök och hackad vitlök i grytan och koka tills den mjuknat, cirka 5 minuter.
c) Rör ner den tärnade skinkan och tärnad potatis. Koka i ytterligare 5 minuter.
d) Strö mjölet över blandningen och koka under konstant omrörning i 2 minuter.
e) Häll gradvis i kyckling- eller grönsaksbuljongen, rör hela tiden så att det inte bildas klumpar.
f) Koka upp blandningen, sänk sedan värmen och låt puttra i 15-20 minuter, eller tills potatisen är mjuk.
g) Rör ner de avrunna majskärnorna och grädden. Koka i ytterligare 5 minuter.
h) Krydda med salt och peppar efter smak.
i) Servera varm, garnerad med hackad färsk gräslök.

27.Majs och potatissoppa

INGREDIENSER:
- 1 burk (15 uns) majskärnor, avrunna
- 2 potatisar, skalade och tärnade
- 1 lök, hackad
- 2 vitlöksklyftor, hackade
- 4 dl grönsaks- eller kycklingbuljong
- 1 dl mjölk eller grädde
- 2 matskedar smör
- Salta och peppra efter smak
- Hackad färsk persilja eller gräslök till garnering

INSTRUKTIONER:
a) Smält smöret på medelvärme i en stor gryta.
b) Tillsätt den hackade löken och hackad vitlök i grytan. Koka tills det mjuknat, ca 5 minuter.
c) Rör ner den tärnade potatisen och koka i ytterligare 5 minuter.
d) Häll i grönsaks- eller kycklingbuljongen och låt koka upp.
e) Sänk värmen till låg och låt puttra tills potatisen är mjuk, ca 15-20 minuter.
f) Rör ner de avrunna majskärnorna och mjölk eller grädde. Sjud i ytterligare 5 minuter.
g) Krydda med salt och peppar efter smak.
h) Servera varm, garnerad med hackad färsk persilja eller gräslök.

28. Majs- och baconpastasallad

INGREDIENSER:
- 1 burk (15 uns) majskärnor, avrunna
- 8 uns pasta (som rotini eller penne), tillagad enligt förpackningens instruktioner och kyld
- 6 skivor bacon, kokta och smulade
- 1 dl körsbärstomater, halverade
- 1/4 kopp hackad rödlök
- 1/4 kopp hackad färsk basilika
- 1/4 kopp riven parmesanost
- 2 matskedar olivolja
- 2 msk rödvinsvinäger
- Salta och peppra efter smak

INSTRUKTIONER:
a) I en stor skål, kombinera de avrunna majskärnorna, kokt och kyld pasta, smulad bacon, körsbärstomater, hackad rödlök, hackad färsk basilika och riven parmesanost.
b) I en liten skål, vispa ihop olivolja och rödvinsvinäger. Krydda med salt och peppar efter smak.
c) Häll dressingen över pastasalladen och blanda försiktigt.
d) Servera kyld eller i rumstemperatur.

29. Majs och spenat Quesadillas

INGREDIENSER:
- 1 burk (15 uns) majskärnor, avrunna
- 2 dl färska spenatblad
- 1 kopp riven ost (som Monterey Jack eller pepparjacka)
- 4 stora mjöltortillas
- Olivolja eller smör för matlagning
- Valfria pålägg: salsa, gräddfil, guacamole

INSTRUKTIONER:
a) Vispa spenatbladen på medelvärme i en stor stekpanna. Ta bort från stekpannan och hacka.
b) Värm lite olivolja eller smör på medelvärme i samma stekpanna.
c) Lägg en tortilla i stekpannan och strö riven ost jämnt över hälften av tortillan.
d) Toppa osten med lite hackad spenat och avrunna majskärnor.
e) Vik den andra halvan av tortillan över fyllningen för att skapa en halvmåneform.
f) Koka tills botten är gyllenbrun och krispig, vänd sedan försiktigt och stek den andra sidan tills den är gyllenbrun och osten smält.
g) Upprepa med de återstående tortillorna och fyllningsingredienserna.
h) Skär quesadillasna i klyftor och servera varma, eventuellt med salsa, gräddfil eller guacamole vid sidan av.

SÖTMAJS på burk

30. Sockermajs Arancini

INGREDIENSER:
- ½ matsked olja
- ¾ kopp Arborioris
- ½ medelstor lök
- ½ pressad vitlöksklyfta
- 1 st finhackad selleri
- 2 ½ koppar grönsaksfond (625 ml)
- ½ matsked (2 tsk) torkad oregano
- ½ tesked salt
- 40 gram finriven parmesan
- 1 burk majskärnor (125g)
- 60 gram riven mozzarella
- 2 matskedar blandade färska örter (t.ex. persilja och oregano)
- 2 ägg
- 1 kopp ströbröd
- ½ kopp vanligt mjöl
- Vegetabilisk eller riskliolja för fritering

INSTRUKTIONER:
a) Börja med att lägga fonden i en liten kastrull och låt den försiktigt sjuda upp. Håll locket på för att förhindra avdunstning men se till att det håller sig varmt för senare användning.
b) Hetta upp oljan i en stekpanna och fräs lök, vitlök och selleri på låg till medelhög värme tills de mjuknar. Undvik att bryna dem.
c) Tillsätt arborioriset till lökblandningen och koka under omrörning i ungefär en minut tills riset blir något genomskinligt. Tillsätt ½ tesked salt och oregano och blanda sedan noggrant.
d) Tillsätt gradvis en slev (ca 125 ml/½ kopp) av den sjudande buljongen i risblandningen. Rör hela tiden med en träslev tills riset absorberar all fond.
e) Fortsätt denna process, tillsätt en slev i taget, rör kontinuerligt och låt varje portion buljong absorberas innan du tillsätter nästa. Detta bör ta cirka 15 minuter, eller tills riset är mört men fortfarande lite fast och inte mosigt.
f) Rör ner parmesan och sockermajs, överför sedan blandningen till en ren skål och ställ i kylen i 1-2 timmar tills den svalnar helt. Du

kan påskynda kylningsprocessen genom att använda frysen, men se till att den inte fryser.

g) När det svalnat helt, tillsätt de blandade örterna, mozzarellan och 1 ägg. Blanda noggrant tills det är väl blandat.

h) Ställ upp tre skålar: en med ströbröd, en med mjöl och en med det återstående uppvispade ägget. Forma cirka 3 matskedar av risottoblandningen till en boll (en medelstor glasskula fungerar bra för detta). Upprepa denna process tills du har 12 enhetliga bollar.

i) Rulla risottobollarna först i mjöl, sedan i ägget och till sist i ströbrödet. Dina arancinibollar är nu redo för fritering. Lägg dem på en plåt och låt stå i kylen i 30 minuter.

j) Hetta upp olja i en stor kastrull till ett djup av ca 5 cm och värm den till 190°C på medelhög värme.

k) Tillsätt 4-5 arancinibollar i den heta oljan och koka i cirka 4 minuter, vänd då och då, tills de får en djupt gyllene färg.

l) Lägg över dem på ett galler över hushållspapper för att rinna av. Upprepa denna process tills alla arancinibollar är kokta.

m) Servera och njut!

31.Tonfisk spenatsallad

INGREDIENSER:
- 1 burk vit tonfisk
- 1 påse färska bladspenat
- 1 burk sockermajs (konserverad)
- Vit ost (kan ersättas med cheddar)
- 2 färska tomater (eller en bricka med körsbärstomater)
- Olivolja
- Vinäger
- Salt peppar

INSTRUKTIONER:
a) Tvätta spenatbladen och lägg dem i en stor skål.
b) Tillsätt tonfisken och majs (vätskan borttagen).
c) Tillsätt osten skuren i tärningar och tomater skurna i fjärdedelar (om körsbärstomater, skär dem i halvor).
d) Tillsätt salt, vinäger och olivolja (nödvändigtvis i denna ordning).
e) Tillsätt peppar om du vill.
f) Du kan också lägga till russin och avokado, mycket medelhavsinspirerat.

32. Tonfisk Avokado Svamp Och Mango Sallad

INGREDIENSER:
- Serena tonfiskburkar (serveringen beror på antalet personer)
- Smör sallad
- Svampar
- körsbärstomater
- Sockermajs (burk)
- Libanesisk gurka
- Mango i burk
- fransk dressing

INSTRUKTIONER:
a) Tvätta alla produkter och skär/riv sallad i lagom stora bitar.
b) Skär övriga ingredienser efter önskemål.
c) Montera salladen genom att lägga sallad i skålen, tillsätt tonfisk jämnt, lägg sedan tomater, svamp, gurka och mango i lager och ringla dressingen över den.
d) Du behöver inte kasta eller blanda, servera eller äta direkt. Njut av!

33. Margarita laxsallad

INGREDIENSER:
FÖR MARGARITA LAXEN:
- 2 laxfiléer med skinn
- 2 matskedar olivolja
- 2 limesaft och skal
- ¼ kopp tequila
- 1-ounce tacokrydda
- 3 matskedar mörkt farinsocker

FÖR MARGARITA VINAIGRETTEN:
- 2 msk färskpressad limejuice
- 2 matskedar tequila
- 2 msk färskpressad apelsinjuice
- 4 matskedar honung
- 1 tsk chilipulver
- ¼ kopp hackad färsk koriander
- ¼ kopp rapsolja

FÖR SALLAD OCH TOPPINGS:
- ¼ huvud isbergssallad rensad och hackad
- ½ knippe grön eller röd sallad; rengjort putsad & hackad
- ½ kopp hackade färska tomater
- ½ kopp mexikansk blandning riven ost
- 1 burk svarta bönor sköljda & avrunna
- 1 burk sockermajs sköljd & avrunnen
- 1 avokado skalad och skivad eller hackad – ringla över limejuice för att inte bryna.
- ¼ kopp hackad färsk koriander
- Tortilla Strips

INSTRUKTIONER:
FÖR LAXEN:
a) Häll olivolja, limejuice, limeskal, tequila, Old El Paso Taco Seasoning Mix och farinsocker i en Ziploc-påse i gallonstorlek och blanda tills det är väl integrerat. Lägg i laxfiléerna och gnid försiktigt marinaden över laxen. Stäng påsen och marinera den i kylen i 2-24 timmar.

b) När du är redo att servera, förvärm ugnen till 425 grader F. Täck en bakplåt med folie och spraya den lätt med nonstick-spray.
c) Ta bort laxen från marinaden och lägg den med skinnsidan nedåt på bakplåten.
d) Placera bakplåten på mitten av ugnen och rosta den i 4-6 minuter per halvtums tjocklek lax. Mät laxen på den tjockaste delen. 4 minuter ger dig lax med rosa centrum (medium-rare) och 6 minuter kommer att vara genomstekt.
e) Laxen är färdig när den lätt flagnar isär med en gaffel. Om så önskas, testa färdigheten med en omedelbar avläsningstermometer - laxen anses vara klar vid minst 145 grader F på den tjockaste delen av laxen.
f) Ta ut den kokta laxen från ugnen och överför den till en tallrik. Ta bort skinnet innan du lägger laxen på den blandade salladen.

FÖR SALLAD:
g) I en stor salladsskål, kombinera hackad sallad, tomater, ost, bönor och majs. Blanda försiktigt.

ATT TJÄNA:
h) Lägg den blandade salladen i serveringsfat och lägg den kokta laxen ovanpå. Lägg i skivad avokado och tortillaremsor och strö över färsk koriander. Ringla över vinägretten.
i) Njut av!

34.Tonfisk & Rädisa Sallad Smörgås

INGREDIENSER:
- 320g konserverade tonfiskbiffar
- 4 skivor helmjölsfröbröd
- 50 g majskärnor
- 2 msk majonnäs
- 1 punnet mikrogrön rädisa
- En nypa mald svartpeppar och salt

INSTRUKTIONER:
a) Tillsätt tonfisken i en mixerskål och blanda den med sockermajsen.
b) Tillsätt majonnäsen och smaka av med nyknäckt peppar och salt.
c) Skär den rosa rädisan i tunna skivor och fördela fyllningen mellan två brödskivor.
d) Lägg rädisan över tonfiskblandningen och lägg resten av brödskivorna ovanpå.

35.Sallad Av Röda Bönor Med Guacamole

INGREDIENSER:
- 1 tomat (medium)
- 1 lök (halv lök lila)
- 1 röd paprika (medium)
- 1 nypa peppar
- 1 citron
- 1 nypa salt
- 1 grön paprika
- 250 gram Azuki a bönor, redan kokta
- 1 matsked extra virgin olivolja
- 1 färsk guacamole
- 1 liten kopp sockermajs i burk

INSTRUKTIONER:
a) Förbered salladen genom att blanda alla hackade ingredienser med bönorna som tidigare tvättats och avrunnet.
b) Klä med citronsaft och olja och smaka av med salt och peppar.
c) Servera salladen med guacamole och rosta med rostat bröd.

36. Copycat Ikea Veggie Balls

INGREDIENSER:
- 1 burk Kikärter, konserverade
- 1 kopp fryst spenat
- 3 morötter
- ½ paprika
- ½ kopp konserverad majs
- 1 kopp gröna ärtor
- 1 lök
- 3 vitlöksklyftor
- 1 kopp havremjöl
- 1 msk olivolja
- Krydda

INSTRUKTIONER:
a) Lägg alla grönsaker i en matberedare och mixa tills de är finhackade.
b) Tillsätt nu fryst, men tinad eller färsk spenat, den torkade salvian och den torkade persiljan.
c) Tillsätt de konserverade kikärtorna & Pulse tills de är kombinerade.
d) Blanda och koka i 1-2 minuter.
e) För att göra grönsaksbollar, ös en boll och forma den med händerna.
f) Lägg bollarna på bakplåtspapper eller en plåt.
g) Grädda dem i 20 minuter tills de fått en knaprig skorpa.

37.Majssufflé

INGREDIENSER:
- 1 medelstor lök
- 5 pund fryst sockermajs
- 6 koppar Monterey Jack , strimlad
- 3 ägg
- 1 tsk salt

INSTRUKTIONER:
a) Fräs löken i olivolja i en stekpanna. Avsätta.
b) Mal majs i en matberedare.
c) Blanda och rör ner övriga ingredienser, inklusive den sauterade löken.
d) Lägg i en 8x14 ugnsform som har smörjts.
e) Grädda i 375°F i cirka 25 minuter, eller tills toppen är gyllenbrun.

38.Sockermajs Creme Brûlée

INGREDIENSER:

- 1-½ koppar fryst majs, tinad
- 4-½ tsk smör
- 3 dl tung vispgrädde
- 1 kopp 2% mjölk
- 8 stora äggulor
- 1-¼ koppar plus 2 matskedar socker, uppdelat
- 2 matskedar vaniljextrakt
- Färska hallon och myntablad

INSTRUKTIONER:

a) Fräs majs i smör tills den är mjuk i en stor kastrull; lägre värme. Tillsätt mjölk och grädde; värm tills det bildas bubblor runt pannans sidor. Lite coolt. Häll i mixer; omslag. Bearbeta tills den är slät. Anstränga; kassera majsmassa. Lägg i pannan.

b) Vispa 1 ¼ dl socker och äggulor i en liten skål. Blanda ner en liten het gräddmängd i äggblandningen; lägg tillbaka allt i pannan, blanda hela tiden. Blanda i vanilj.

c) Lägg i 6 6-ounce. ramekins. Lägg i bakpanna; för att panorera, lägg till 1-in. kokande vatten. Grädda i 325° utan lock tills mitten precis stelnat i 40-45 minuter. Ta ramekins från vattenbadet och svalna i 10 minuter. Omslag; kyl i minst 4 timmar.

d) Strö överblivet socker på vaniljsås om du använder en crème Brûlée-fackla.

e) Värm socker med en fackla tills det är karamelliserat. Servera omedelbart.

f) Alternativ för kokande vaniljsås: Lägg ramekins på en bakplåt; stå i 15 minuter i rumstemperatur. Strö över socker; stek 8-in. från värme tills sockret karamelliserat i 4-7 minuter. Kyl tills den stelnar i 1-2 timmar.

g) Garnera med myntablad och hallon; tjäna.

39. Sockermajs Chowder

INGREDIENSER:

- 1 burk (15 uns) sockermajs, avrunnen
- 2 skivor bacon, tärnad
- 1 lök, hackad
- 2 potatisar, tärnade
- 4 dl kyckling- eller grönsaksbuljong
- 1 kopp tung grädde
- Salta och peppra efter smak
- Hackad färsk gräslök till garnering

INSTRUKTIONER:

a) Koka det hackade baconet på medelhög värme i en stor gryta eller holländsk ugn tills det är knaprigt. Ta bort baconet med en hålslev och ställ åt sidan, låt baconfettet ligga kvar i grytan.
b) Tillsätt den hackade löken i grytan och koka tills den mjuknat, cirka 5 minuter.
c) Rör ner den tärnade potatisen och koka i ytterligare 5 minuter.
d) Tillsätt den avrunna majsen och kyckling- eller grönsaksbuljongen i grytan. Låt koka upp och koka tills potatisen är mjuk, ca 15-20 minuter.
e) Använd en stavmixer för att delvis blanda soppan tills önskad konsistens uppnås, och lämna några bitar av potatis och majs intakta.
f) Rör ner den tunga grädden och smaka av med salt och peppar.
g) Servera varm, garnerad med hackad färsk gräslök och reserverat knaprigt bacon.

40.Sockermajs och tomatsallad

INGREDIENSER:

- 1 burk (15 uns) sockermajs, avrunnen
- 1 dl körsbärstomater, halverade
- 1/4 kopp rödlök, finhackad
- 1/4 kopp hackad färsk basilika
- 2 matskedar extra virgin olivolja
- 1 msk balsamvinäger
- Salta och peppra efter smak

INSTRUKTIONER:

a) Kombinera majs, körsbärstomater, hackad rödlök och hackad färsk basilika i en stor skål.
b) I en liten skål, vispa ihop extra virgin olivolja, balsamvinäger, salt och peppar.
c) Häll dressingen över salladen och blanda försiktigt.
d) Servera omedelbart eller kyl i upp till 1 timme innan servering för att smakerna ska smälta.

41. Sockermajs och Bacondipp

INGREDIENSER:
- 1 burk (15 uns) sockermajs, avrunnen
- 8 uns färskost, mjukad
- 1 kopp gräddfil
- 1 dl riven cheddarost
- 6 skivor bacon, kokta och smulade
- 1/4 kopp hackad salladslök
- 1 tsk vitlökspulver
- Salta och peppra efter smak
- Tortillachips eller kex till servering

INSTRUKTIONER:
a) Värm ugnen till 375°F (190°C).
b) I en stor skål, kombinera sockermajsen, mjukgjord färskost, gräddfil, strimlad cheddarost, smulad bacon, hackad salladslök, vitlökspulver, salt och peppar. Blanda tills det är väl blandat.
c) Överför blandningen till en ugnsform.
d) Grädda i den förvärmda ugnen i 20-25 minuter, eller tills den är varm och bubblig.
e) Servera varm med tortillachips eller kex till doppning.

42. Sockermajs och avokadosalsa

INGREDIENSER:
- 1 burk (15 uns) sockermajs, avrunnen
- 2 mogna avokado, tärnade
- 1/4 kopp rödlök, finhackad
- 1/4 kopp hackad färsk koriander
- Saften av 1 lime
- Salta och peppra efter smak
- Valfritt: tärnad jalapeno för värme

INSTRUKTIONER:
a) I en stor skål, kombinera majs, tärnad avokado, hackad rödlök och hackad färsk koriander.
b) Pressa limesaften över blandningen och blanda försiktigt för att kombinera.
c) Krydda med salt och peppar efter smak. Om så önskas, tillsätt tärnad jalapeno för extra värme.
d) Servera genast med tortillachips eller som topping till tacos eller grillat kött.

43. Sockermajs och Baconpasta

INGREDIENSER:
- 1 burk (15 uns) sockermajs, avrunnen
- 8 uns pasta efter eget val
- 6 skivor bacon, hackad
- 2 vitlöksklyftor, hackade
- 1/2 kopp tung grädde
- 1/4 kopp riven parmesanost
- Salta och peppra efter smak
- Hackad färsk persilja till garnering

INSTRUKTIONER:
a) Koka pasta enligt anvisningarna på förpackningen. Häll av och ställ åt sidan.
b) Koka hackat bacon på medelvärme i en stor stekpanna tills det är knaprigt.
c) Tillsätt hackad vitlök i stekpannan och koka tills den doftar, cirka 1 minut.
d) Rör ner den avrunna majsen och den kokta pastan.
e) Häll i den tunga grädden och riven parmesanost. Rör om tills såsen tjocknar och täcker pastan, ca 2-3 minuter.
f) Krydda med salt och peppar efter smak.
g) Garnera med hackad färsk persilja innan servering.

44. Sockermajs och spenat Quesadillas

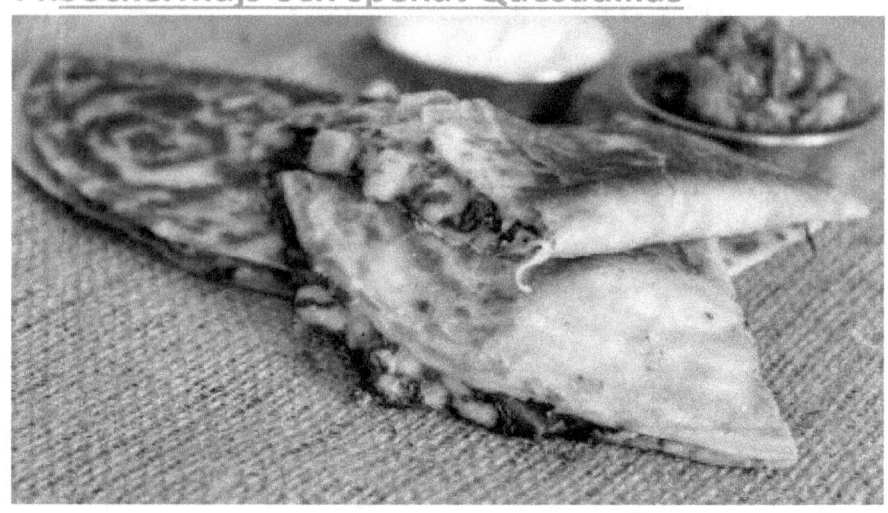

INGREDIENSER:
- 1 burk (15 uns) sockermajs, avrunnen
- 2 dl färska spenatblad
- 1 kopp strimlad Monterey Jack ost
- 4 stora mjöltortillas
- Olivolja för matlagning
- Salsa, gräddfil och guacamole till servering

INSTRUKTIONER:
a) Värm en stor stekpanna över medelvärme.
b) Tillsätt färska spenatblad i stekpannan och koka tills de vissnat, cirka 1-2 minuter.
c) Ta bort spenaten från stekpannan och ställ åt sidan.
d) Lägg en tortilla i stekpannan och strö strimlad Monterey Jack-ost jämnt över tortillan.
e) Lägg kokt spenat och avrunna majskärnor ovanpå osten.
f) Toppa med ytterligare en tortilla och tryck ner försiktigt.
g) Koka tills den nedre tortillan är gyllenbrun och krispig, vänd sedan försiktigt och tillaga den andra sidan tills den är gyllenbrun och osten smält.
h) Upprepa med resterande tortillas och fyllningsingredienser.
i) Skär quesadillas i klyftor och servera varma med salsa, gräddfil och guacamole.

45. Sockermajs och skinkchowder

INGREDIENSER:
- 1 burk (15 uns) sockermajs, avrunnen
- 2 dl kokt skinka, tärnad
- 2 potatisar, skalade och tärnade
- 1 lök, hackad
- 2 vitlöksklyftor, hackade
- 4 dl kycklingbuljong
- 1 dl mjölk eller grädde
- 2 matskedar smör
- Salta och peppra efter smak
- Hackad färsk gräslök till garnering

INSTRUKTIONER:
a) Smält smör på medelvärme i en stor gryta.
b) Tillsätt hackad lök och hackad vitlök i grytan. Koka tills det mjuknat, ca 5 minuter.
c) Rör ner tärnad potatis och kokt skinka. Koka i ytterligare 5 minuter.
d) Häll i kycklingbuljong och låt koka upp.
e) Sänk värmen till låg och låt puttra tills potatisen är mjuk, ca 15-20 minuter.
f) Rör ner avrunnen majs och mjölk eller grädde. Sjud i ytterligare 5 minuter.
g) Krydda med salt och peppar efter smak.
h) Garnera med hackad färsk gräslök innan servering.

46.Sockermajs och ost Empanadas

INGREDIENSER:
- 1 burk (15 uns) sockermajs, avrunnen
- 1 dl riven mozzarellaost
- 1/4 kopp hackad färsk koriander
- 1 tsk malen spiskummin
- Salta och peppra efter smak
- 1 paket empanada-deg eller beredd pajskal
- 1 ägg, vispat (för äggtvätt)

INSTRUKTIONER:
a) Värm ugnen till 375°F (190°C) och klä en plåt med bakplåtspapper.
b) I en stor skål, kombinera sockermajsen, strimlad mozzarellaost, hackad färsk koriander, mald spiskummin, salt och peppar. Blanda tills det är väl blandat.
c) Kavla ut empanadadegen eller pajskalet och skär den i cirklar med en rund skärare.
d) Lägg en sked av sockermajsblandningen i mitten av varje degcirkel.
e) Vik degen över fyllningen för att skapa en halvmåneform. Pressa till kanterna för att täta och krympa sedan med en gaffel.
f) Lägg empanadan på den förberedda bakplåten.
g) Pensla topparna på empanadan med uppvispat ägg för en gyllene finish.
h) Grädda i den förvärmda ugnen i 20-25 minuter, eller tills skorpan är gyllenbrun.
i) Servera varm som mellanmål eller aptitretare.

47.Sockermajs och kyckling Enchiladas

INGREDIENSER:
- 1 burk (15 uns) sockermajs, avrunnen
- 2 koppar tillagad strimlad kyckling
- 1 burk (10 uns) röd enchiladasås
- 1 dl riven cheddarost
- 8 små mjöltortillas
- Valfritt pålägg: tärnade tomater, hackad koriander, gräddfil

INSTRUKTIONER:
a) Värm ugnen till 350°F (175°C) och smörj en 9x13-tums ugnsform.
b) I en stor skål, kombinera sockermajsen, strimlad kyckling och 1/2 kopp enchiladasås. Blanda väl.
c) Sked kyckling- och majsblandningen på varje tortilla, rulla sedan ihop hårt och lägg med skarven nedåt i den förberedda ugnsformen.
d) Häll den återstående enchiladasåsen över toppen av de rullade tortillorna.
e) Strö strimlad cheddarost jämnt över enchiladorna.
f) Täck ugnsformen med aluminiumfolie och grädda i den förvärmda ugnen i 20-25 minuter, eller tills osten är smält och bubblig.
g) Ta bort folien och grädda i ytterligare 5 minuter för att bryna osten lätt.
h) Servera varm med valfria pålägg som tärnade tomater, hackad koriander och gräddfil.

48. Sockermajs och grönsaksröra

INGREDIENSER:
- 1 burk (15 uns) sockermajs, avrunnen
- 2 koppar blandade grönsaker (som paprika, broccoli, ärter)
- 2 msk sojasås
- 1 msk sesamolja
- 2 vitlöksklyftor, hackade
- 1 tsk riven ingefära
- Kokt ris till servering

INSTRUKTIONER:
a) Värm sesamolja i en stor stekpanna eller wok på medelhög värme.
b) Tillsätt hackad vitlök och riven ingefära i stekpannan och koka tills det doftar, cirka 1 minut.
c) Tillsätt blandade grönsaker i stekpannan och fräs tills de är knapriga, cirka 5-7 minuter.
d) Rör ner den avrunna majsen och koka i ytterligare 2-3 minuter.
e) Ringla sojasås över grönsakerna och rör om så att de blir jämnt.
f) Servera sockermajsen och grönsaksröran varma över kokt ris.

49.Sockermajs och krabbasoppa

INGREDIENSER:

- 1 burk (15 uns) sockermajs, avrunnen
- 8 uns krabbkött, plockat över för skal
- 4 dl kycklingbuljong
- 1 kopp tung grädde
- 1/4 kopp hackad salladslök
- 2 matskedar smör
- 2 msk universalmjöl
- Salta och peppra efter smak
- Valfritt: Old Bay-krydda för extra smak

INSTRUKTIONER:

a) Smält smör på medelvärme i en stor gryta.
b) Rör i allroundmjöl för att skapa en roux, koka i 1-2 minuter.
c) Vispa gradvis i kycklingbuljong tills den är slät.
d) Tillsätt avrunnen majs i grytan och låt koka upp.
e) Rör ner krabbkött, tung grädde och hackad salladslök.
f) Krydda med salt, peppar och valfri Old Bay-krydda efter smak.
g) Sjud i 10-15 minuter tills den är genomvärmd och smakerna kombineras.
h) Servera varm som en välgörande soppa.

50. Sockermajs och Zucchini Fritters

INGREDIENSER:

- 1 burk (15 uns) sockermajs, avrunnen
- 2 medelstora zucchinis, rivna och överflödig fukt pressad ut
- 1/2 kopp universalmjöl
- 1/4 kopp riven parmesanost
- 2 ägg, vispade
- 2 msk hackad färsk persilja
- 1 tsk vitlökspulver
- Salta och peppra efter smak
- Olivolja till stekning

INSTRUKTIONER:

a) I en stor skål, kombinera den avrunna majs, riven zucchini, universalmjöl, riven parmesanost, vispad ägg, hackad färsk persilja, vitlökspulver, salt och peppar. Blanda tills det är väl blandat.
b) Hetta upp olivolja i en stor stekpanna på medelvärme.
c) Lägg skedar av smeten i den varma stekpannan, platta till dem något med baksidan av skeden.
d) Koka frittorna tills de är gyllenbruna på ena sidan, vänd sedan och stek dem gyllenbruna på andra sidan, ca 3-4 minuter per sida.
e) Ta bort frittorna från stekpannan och låt rinna av på hushållspapper.
f) Servera varm med din favoritdippsås eller en klick gräddfil.

51.Sockermajs och Räksallad

INGREDIENSER:
- 1 burk (15 uns) sockermajs, avrunnen
- 1 pund kokta räkor, skalade och deveirade
- 1 röd paprika, tärnad
- 1/4 kopp hackad rödlök
- 1/4 kopp hackad färsk koriander
- Saften av 2 limefrukter
- 2 matskedar olivolja
- Salta och peppra efter smak
- Valfritt: tärnad avokado för extra krämighet

INSTRUKTIONER:
a) I en stor skål, kombinera majs, kokta räkor, tärnad röd paprika, hackad rödlök och hackad färsk koriander.
b) I en liten skål, vispa ihop limejuice, olivolja, salt och peppar.
c) Häll dressingen över salladen och blanda försiktigt.
d) Om du använder, vänd försiktigt i tärnad avokado.
e) Servera kyld som en uppfriskande sallad eller sked i salladsbägare för en lätt måltid.

52.Sockermajs och cheddarmuffins

INGREDIENSER:
- 1 burk (15 uns) sockermajs, avrunnen
- 1 1/2 koppar universalmjöl
- 1 kopp majsmjöl
- 1 msk bakpulver
- 1/2 tsk bakpulver
- 1/2 tsk salt
- 1 dl riven cheddarost
- 1/4 kopp hackad färsk gräslök
- 1 kopp kärnmjölk
- 1/2 kopp osaltat smör, smält
- 2 ägg

INSTRUKTIONER:
a) Värm ugnen till 375°F (190°C) och smörj en muffinsform eller fodra med pappersfoder.
b) I en stor skål, kombinera allsidigt mjöl, majsmjöl, bakpulver, bakpulver och salt.
c) Rör ner den rivna cheddarosten och hackad färsk gräslök.
d) I en annan skål, vispa ihop kärnmjölken, smält smör och ägg tills det är väl blandat.
e) Häll de blöta ingredienserna i de torra ingredienserna och rör om tills det precis blandas. Blanda inte för mycket.
f) Vänd försiktigt ner den avrunna majsen.
g) Fördela smeten jämnt mellan muffinsformarna, fyll var och en cirka tre fjärdedelar.
h) Grädda i den förvärmda ugnen i 18-20 minuter, eller tills muffinsen är gyllenbruna och en tandpetare som sticks in i mitten kommer ut ren.
i) Ta ut muffinsen ur ugnen och låt svalna i formen i några minuter innan de läggs över på ett galler för att svalna helt.
j) Servera varm eller i rumstemperatur.

53.Sockermajs och baconlindade Jalapeños

INGREDIENSER:
- 1 burk (15 uns) sockermajs, avrunnen
- 8 stora jalapeñopeppar, halverade på längden och frön borttagna
- 8 skivor bacon, halverade
- 4 uns färskost, mjukad
- 1/4 kopp strimlad cheddarost
- 2 msk hackad färsk koriander
- Tandpetare

INSTRUKTIONER:
a) Värm ugnen till 375°F (190°C) och klä en plåt med bakplåtspapper.
b) Blanda samman majs, färskost, riven cheddarost och hackad färsk koriander i en skål tills det är väl blandat.
c) Fyll varje jalapeñohalva med majs- och ostblandningen.
d) Varva varje fylld jalapeñohalva med en halv skiva bacon och fäst med en tandpetare.
e) Lägg de baconlindade jalapeñosna på den förberedda bakplåten.
f) Grädda i den förvärmda ugnen i 20-25 minuter, eller tills baconet är knaprigt och jalapeñosna är möra.
g) Ta ut ur ugnen och låt svalna något innan servering.

54. Sockermajs och Zucchini Fritters

INGREDIENSER:
- 1 burk (15 uns) sockermajs, avrunnen
- 2 små zucchinis, rivna
- 1/4 kopp universalmjöl
- 1/4 kopp riven parmesanost
- 2 salladslökar, fint hackade
- 1 ägg, lätt uppvispat
- Salta och peppra efter smak
- Olivolja till stekning

INSTRUKTIONER:
a) I en stor skål, kombinera majs, riven zucchini, universalmjöl, riven parmesanost, hackad salladslök, uppvispat ägg, salt och peppar. Blanda tills det är väl blandat.
b) Hetta upp olivolja i en stor stekpanna på medelvärme.
c) Släpp skedar av majs- och zucchiniblandningen i stekpannan, platta till dem något med baksidan av skeden.
d) Stek tills den är gyllenbrun på ena sidan, vänd sedan och stek tills den är gyllenbrun på den andra sidan, ca 2-3 minuter per sida.
e) Ta bort frittorna från stekpannan och låt rinna av på hushållspapper.
f) Servera varm som tillbehör eller aptitretare, eventuellt med gräddfil eller valfri dippsås.

55.Sockermajs och krabbakakor

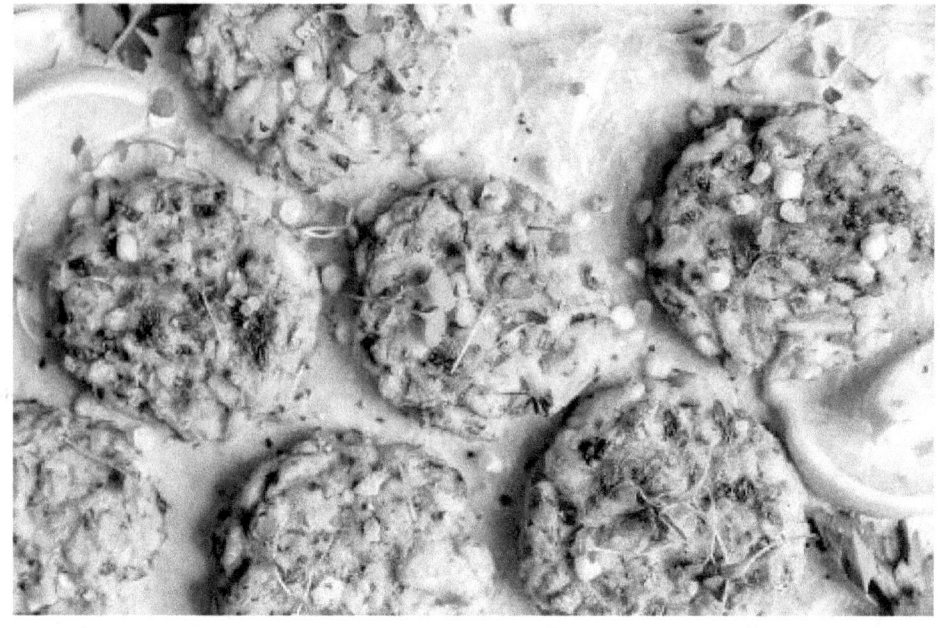

INGREDIENSER:

- 1 burk (15 uns) sockermajs, avrunnen
- 8 uns krabbkött, plockat över för skal
- 1/4 kopp ströbröd
- 1/4 kopp majonnäs
- 1 ägg, lätt uppvispat
- 2 salladslökar, fint hackade
- 1 msk dijonsenap
- 1 msk Worcestershiresås
- 1 tsk Old Bay-krydda
- Salta och peppra efter smak
- Olivolja till stekning

INSTRUKTIONER:

a) I en stor skål, kombinera sockermajs, krabbkött, ströbröd, majonnäs, uppvispat ägg, hackad salladslök, Dijonsenap, Worcestershiresås, Old Bay-krydda, salt och peppar. Blanda tills det är väl blandat.
b) Forma blandningen till biffar.
c) Hetta upp olivolja i en stekpanna på medelvärme.
d) Stek krabbakakorna i pannan tills de är gyllenbruna och krispiga på båda sidor, ca 4-5 minuter per sida.
e) Ta bort krabbakakorna från stekpannan och låt rinna av på hushållspapper.
f) Servera varm med citronklyftor och tartarsås.

56.Sockermajs och tomatsoppa

INGREDIENSER:

- 1 burk (15 uns) sockermajs, avrunnen
- 1 burk (14,5 uns) tärnade tomater
- 1 lök, hackad
- 2 vitlöksklyftor, hackade
- 4 dl grönsaks- eller kycklingbuljong
- 1/2 kopp tung grädde
- 2 matskedar olivolja
- Salta och peppra efter smak
- Färska basilikablad för garnering (valfritt)

INSTRUKTIONER:

a) Hetta upp olivolja i en stor gryta på medelvärme.
b) Tillsätt hackad lök och hackad vitlök i grytan. Koka tills det mjuknat, ca 5 minuter.
c) Rör ner den avrunna majs och tärnade tomater.
d) Häll i grönsaks- eller kycklingbuljongen och låt koka upp.
e) Sänk värmen och låt sjuda i 15-20 minuter.
f) Använd en stavmixer för att mixa soppan tills den är slät.
g) Rör ner den tunga grädden och smaka av med salt och peppar.
h) Sjud i ytterligare 5 minuter.
i) Servera varm, garnerad med färska basilikablad om så önskas.

57.Sockermajs och avokadosallad

INGREDIENSER:
- 1 burk (15 uns) sockermajs, avrunnen
- 1 avokado, tärnad
- 1 dl körsbärstomater, halverade
- 1/4 kopp rödlök, finhackad
- Saft av 1 lime
- 2 msk hackad färsk koriander
- Salta och peppra efter smak

INSTRUKTIONER:
a) I en stor skål, kombinera majs, tärnad avokado, halverade körsbärstomater, hackad rödlök och hackad färsk koriander.
b) Pressa limesaft över salladen och blanda försiktigt för att kombinera.
c) Krydda med salt och peppar efter smak.
d) Servera direkt som tillbehör eller topping till grillat kött eller fisk.

58.Sockermajs och potatissallad

INGREDIENSER:

- 1 burk (15 uns) sockermajs, avrunnen
- 2 stora potatisar, kokta och tärnade
- 1/2 kopp majonnäs
- 2 msk gräddfil
- 1 matsked senap
- 2 salladslökar, tunt skivade
- 2 msk hackad färsk persilja
- Salta och peppra efter smak

INSTRUKTIONER:

a) I en stor skål, kombinera sockermajsen, tärnad kokt potatis, skivad salladslök och hackad färsk persilja.
b) Blanda majonnäs, gräddfil och senap i en liten skål tills det är väl blandat.
c) Häll dressingen över majs- och potatisblandningen och rör försiktigt för att täcka.
d) Krydda med salt och peppar efter smak.
e) Ställ i kylen i minst 1 timme innan servering så att smakerna smälter samman.

59.Sockermajs och Cilantro Lime Ris

INGREDIENSER:
- 1 burk (15 uns) sockermajs, avrunnen
- 2 dl kokt vitt ris
- Saften av 2 limefrukter
- Skal av 1 lime
- 1/4 kopp hackad färsk koriander
- Salta och peppra efter smak

INSTRUKTIONER:
a) I en stor skål, kombinera det kokta vita riset, avrunnen majs, limejuice, limeskal och hackad färsk koriander.
b) Blanda försiktigt tills alla ingredienser är väl blandade.
c) Krydda med salt och peppar efter smak.
d) Servera varm som tillbehör till din favorit huvudrätt.

60.Sockermajs och cheddarmuffins

INGREDIENSER:
- 1 burk (15 uns) sockermajs, avrunnen
- 1 1/2 koppar universalmjöl
- 1/2 kopp majsmjöl
- 1 msk bakpulver
- 1/2 tsk salt
- 1 dl riven cheddarost
- 1 dl mjölk
- 1/4 kopp osaltat smör, smält
- 1 ägg, uppvispat

INSTRUKTIONER:
a) Värm ugnen till 375°F (190°C). Smörj en muffinsform eller klä med papper.
b) I en stor skål, kombinera allsidigt mjöl, majsmjöl, bakpulver, salt och riven cheddarost.
c) I en separat skål, blanda ihop den avrunna majs, mjölk, smält smör och uppvispat ägg.
d) Häll de blöta ingredienserna i de torra ingredienserna och rör om tills det precis blandas.
e) Häll smeten i den förberedda muffinsformen, fyll varje kopp till cirka 2/3.
f) Grädda i den förvärmda ugnen i 18-20 minuter, eller tills muffinsen är gyllenbruna och en tandpetare som sticks in i mitten kommer ut ren.
g) Ta ut ur ugnen och låt svalna i muffinsformen några minuter innan du flyttar över till ett galler för att svalna helt.

61.Sockermajs och nötköttstacos

INGREDIENSER:
- 1 burk (15 uns) sockermajs, avrunnen
- 1 pund nötfärs
- 1 paket tacokrydda
- 8 små mjöl- eller majstortillas
- Pålägg: strimlad sallad, tärnade tomater, riven ost, salsa, gräddfil

INSTRUKTIONER:
a) Koka nötfärsen på medelvärme i en stor stekpanna tills den fått färg.
b) Häll av överflödigt fett från stekpannan och rör ner tacokryddan och avrunnen sockermajs. Koka i ytterligare 2-3 minuter.
c) Värm tortillorna enligt anvisningarna på förpackningen.
d) Sked majs- och nötköttblandningen på varje tortilla.
e) Toppa med strimlad sallad, tärnade tomater, riven ost, salsa och gräddfil.
f) Servera omedelbart och njut av dina läckra majs- och nötköttstacos!

62.Chilenska sockermajspaket

INGREDIENSER:

- 1 burk (15 ounces) majs, avrunnen
- 1 lök, finhackad
- 2 vitlöksklyftor, hackade
- 1 röd paprika, tärnad
- 1 msk olivolja
- Salta och peppra efter smak
- 1 paket empanada-deg eller beredd pajskal
- 1 ägg, vispat (för äggtvätt)

INSTRUKTIONER:

a) Värm ugnen till 375°F (190°C).
b) Värm olivolja på medelvärme i en stekpanna. Tillsätt lök, vitlök och röd paprika. Koka tills det mjuknat, ca 5 minuter.
c) Rör ner sockermajsen och koka i ytterligare 2-3 minuter. Krydda med salt och peppar efter smak.
d) Kavla ut empanada-degen eller pajskalet och skär i cirklar.
e) Skeda sockermajsblandningen på mitten av varje degcirkel.
f) Vik degen över fyllningen för att skapa en halvmåneform. Pressa till kanterna för att täta och krympa sedan med en gaffel.
g) Lägg paketen på en plåt klädd med bakplåtspapper.
h) Pensla toppen av paketen med uppvispat ägg.
i) Grädda i den förvärmda ugnen i 20-25 minuter eller tills de är gyllenbruna.
j) Servera varmt och njut av dina chilenska majspaket!

63.Kolja & Sockermajs Chowder

INGREDIENSER:
- 1 burk (15 ounces) majs, avrunnen
- 1 lök, hackad
- 2 vitlöksklyftor, hackade
- 2 medelstora potatisar, skalade och tärnade
- 4 dl fisk- eller grönsaksbuljong
- 1 dl mjölk eller grädde
- 1 pund koljafiléer, skurna i bitar
- 2 matskedar smör
- Salta och peppra efter smak
- Hackad färsk persilja till garnering

INSTRUKTIONER:
a) Smält smöret på medelvärme i en stor gryta.
b) Tillsätt den hackade löken och hackad vitlök i grytan. Koka tills det mjuknat, ca 5 minuter.
c) Tillsätt den tärnade potatisen och fisk- eller grönsaksbuljongen i grytan. Koka upp, sänk sedan värmen och låt sjuda tills potatisen är mjuk, cirka 15 minuter.
d) Rör ner majs, mjölk eller grädde och koljabitarna. Sjud ytterligare 5-7 minuter tills fisken är genomstekt.
e) Krydda med salt och peppar efter smak.
f) Servera varm, garnerad med hackad färsk persilja.

64. Bulgarsallad med kikärter och sockermajs

INGREDIENSER:
- 1 burk (15 ounces) majs, avrunnen
- 1 dl bulgurvete
- 1 burk (15 uns) kikärter, avrunna och sköljda
- 1 röd paprika, tärnad
- 1 gurka, tärnad
- 1/4 kopp hackad färsk persilja
- 1/4 kopp olivolja
- Saften av 1 citron
- Salta och peppra efter smak

INSTRUKTIONER:
a) Värm ugnen till 375°F (190°C).
b) Koka bulgurvete enligt anvisningarna på förpackningen och låt svalna.
c) I en stor skål, kombinera det kokta bulgurvetet, avrunnen majs, kikärtor, tärnad röd paprika, tärnad gurka och hackad färsk persilja.
d) I en liten skål, vispa ihop olivolja och citronsaft. Krydda med salt och peppar efter smak.
e) Häll dressingen över salladen och blanda försiktigt.
f) Lägg över salladen i en ugnsform och rosta i den förvärmda ugnen i 15-20 minuter eller tills den är genomvärmd.
g) Servera varm eller i rumstemperatur.

65.Squash, sockermajs och bönsoppa

INGREDIENSER:

- 1 burk (15 ounces) majs, avrunnen
- 1 butternutsquash, skalad, kärnad och tärnad
- 1 burk (15 uns) vita bönor, avrunna och sköljda
- 1 lök, hackad
- 2 vitlöksklyftor, hackade
- 4 dl grönsaksbuljong
- 2 matskedar olivolja
- 1 tsk malen spiskummin
- 1/2 tsk rökt paprika
- Salta och peppra efter smak
- Hackad färsk koriander till garnering

INSTRUKTIONER:

a) Värm olivoljan på medelvärme i en stor gryta.
b) Tillsätt den hackade löken och hackad vitlök i grytan. Koka tills det mjuknat, ca 5 minuter.
c) Rör ner den tärnade butternutsquashen och koka i ytterligare 5 minuter.
d) Tillsätt grönsaksbuljongen, malen spiskummin, rökt paprika, avrunnen majs och vita bönor i grytan. Koka upp, sänk sedan värmen och låt sjuda tills squashen är mjuk, cirka 20 minuter.
e) Krydda med salt och peppar efter smak.
f) Servera varm, garnerad med hackad färsk koriander.

66.Sockermajs och svampfyllning

INGREDIENSER:
- 1 burk (15 ounces) majs, avrunnen
- 2 dl svamp, hackad
- 1 lök, finhackad
- 2 vitlöksklyftor, hackade
- 2 matskedar olivolja
- Salta och peppra efter smak
- Hackad färsk persilja till garnering

INSTRUKTIONER:
a) Hetta upp olivolja i en stekpanna på medelvärme.
b) Tillsätt hackad lök och hackad vitlök i stekpannan. Koka tills det mjuknat, ca 5 minuter.
c) Rör ner hackad svamp och koka tills svampen är mjuk och brun, ca 8-10 minuter.
d) Tillsätt avrunnen majs i stekpannan och koka i ytterligare 2-3 minuter.
e) Krydda med salt och peppar efter smak.
f) Servera varm, garnerad med hackad färsk persilja.

67.Sockermajskakor

INGREDIENSER:
- 1 burk (15 ounces) majs, avrunnen
- 1 kopp universalmjöl
- 1 tsk bakpulver
- 1/2 tsk salt
- 1/4 tsk svartpeppar
- 2 ägg
- 1/4 kopp mjölk
- 2 msk smör, smält
- Valfritt: hackade färska örter (som persilja eller gräslök)

INSTRUKTIONER:
a) Kombinera allsidigt mjöl, bakpulver, salt och svartpeppar i en blandningsskål.
b) Vispa ihop ägg, mjölk och smält smör i en annan skål.
c) Tillsätt gradvis de våta ingredienserna till de torra ingredienserna, rör om tills de är väl blandade.
d) Vänd i majs och hackade färska örter om du använder.
e) Värm en non-stick stekpanna eller stekpanna på medelvärme och smörj lätt med smör eller olja.
f) Lägg skedar av smeten i stekpannan för att forma små kakor.
g) Stek tills de är gyllenbruna på båda sidor, ca 2-3 minuter per sida.
h) Servera varm som tillbehör eller förrätt.

68.Sockermajsfondue

INGREDIENSER:
- 1 burk (15 ounces) majs, avrunnen
- 8 uns färskost, mjukad
- 1 dl riven cheddarost
- 1/2 kopp mjölk
- 1 msk smör
- 1 vitlöksklyfta, hackad
- Salta och peppra efter smak
- Valfritt: hackade färska örter (som persilja eller gräslök)
- Dippers (som brödtärningar, kex eller grönsaker)

INSTRUKTIONER:
a) Smält smöret på medelvärme i en kastrull. Tillsätt den hackade vitlöken och koka tills den doftar, ca 1 minut.
b) Rör ner färskost, riven cheddarost och mjölk tills den är slät och smält.
c) Tillsätt den avrunna majsen och valfria hackade färska örter. Rör om för att kombinera.
d) Krydda med salt och peppar efter smak.
e) Överför fonden till en fonduegryta eller serveringsfat.
f) Servera varm med valfria dippers.

69.Sockermajs Grillkakor med lax

INGREDIENSER:
- 1 burk (15 ounces) majs, avrunnen
- 1 kopp universalmjöl
- 1 tsk bakpulver
- 1/2 tsk salt
- 1/4 tsk svartpeppar
- 2 ägg
- 1/4 kopp mjölk
- 2 msk smör, smält
- Irländska rökta laxskivor
- Gräddfil
- Hackad färsk dill till garnering

INSTRUKTIONER:
a) Förbered sockermajsgrillkakorna enligt instruktionerna i receptet Sweetcorn Cakes ovan.
b) När stekpanna är kokta toppar du varje kaka med en skiva irländsk rökt lax.
c) Garnera med en klick gräddfil och hackad färsk dill.
d) Servera omedelbart som förrätt eller lätt måltid.

70. Sockermajs i en filt

INGREDIENSER:
- 1 burk (15 ounces) majs, avrunnen
- 1 paket kyld halvmånerulldeg
- Senap eller ketchup för doppning (valfritt)

INSTRUKTIONER:
a) Värm ugnen till den temperatur som anges på halvmånerulldegen.
b) Rulla ut halvmånerulldegen och dela den i trianglar.
c) Lägg en sked sockermajs i den breda änden av varje triangel.
d) Rulla ihop degen, börja från den breda änden, för att omsluta sockermajsen.
e) Lägg den inslagna majsen på en bakplåtspappersklädd plåt.
f) Grädda i den förvärmda ugnen enligt anvisningarna på förpackningen för halvmånerulldegen, tills den är gyllenbrun.
g) Servera varm med senap eller ketchup till doppning, om så önskas.

71. Sockermajsmuffins

INGREDIENSER:
- 1 burk (15 ounces) majs, avrunnen
- 1 1/2 koppar universalmjöl
- 1/2 kopp majsmjöl
- 1/4 kopp strösocker
- 1 msk bakpulver
- 1/2 tsk salt
- 1 dl mjölk
- 1/4 kopp osaltat smör, smält
- 2 ägg
- Valfritt: hackad jalapenos eller riven ost för extra smak

INSTRUKTIONER:
a) Värm ugnen till 375°F (190°C). Smörj en muffinsform eller klä med papper.
b) I en stor skål, kombinera allsidigt mjöl, majsmjöl, socker, bakpulver och salt.
c) I en annan skål, vispa ihop mjölk, smält smör och ägg tills det är väl blandat.
d) Tillsätt gradvis de våta ingredienserna till de torra ingredienserna, rör om tills de precis blandas.
e) Vänd i majs och valfri hackad jalapenos eller riven ost, om du använder.
f) Häll smeten i den förberedda muffinsformen, fyll varje kopp till cirka 3/4 full.
g) Grädda i den förvärmda ugnen i 18-20 minuter, eller tills den är gyllenbrun och en tandpetare som sticks in i mitten kommer ut rent.
h) Ta ut ur ugnen och låt svalna i muffinsformen några minuter innan du flyttar över till ett galler för att svalna helt.

72. Sockermajspaket med kreolsmör

INGREDIENSER:
- 1 burk (15 ounces) majs, avrunnen
- 1 paket smördegsark
- 1/4 kopp osaltat smör, smält
- 1 tsk kreolsk krydda
- Hackad färsk persilja till garnering

INSTRUKTIONER:
a) Värm ugnen enligt anvisningarna på smördegsförpackningen.
b) Kavla ut smördegsarken och skär dem i rutor.
c) Lägg en sked sockermajs i mitten av varje bakverksruta.
d) Vik degen över sockermajsen för att bilda paket och försegla kanterna.
e) Lägg paketen på en plåt klädd med bakplåtspapper.
f) Blanda det smälta smöret och den kreolska kryddan i en liten skål.
g) Pensla toppen av paketen med den kreolska smörblandningen.
h) Grädda i den förvärmda ugnen tills de är gyllenbruna och uppblåsta, enligt anvisningarna på smördegsförpackningen.
i) Garnera med hackad färsk persilja innan servering.

73.Sockermajspolenta med kryddig tomatsås

INGREDIENSER:

- 1 burk (15 ounces) majs, avrunnen
- 1 kopp polenta
- 4 dl vatten eller grönsaksbuljong
- 1 msk olivolja
- 1 lök, hackad
- 2 vitlöksklyftor, hackade
- 1 burk (14,5 uns) tärnade tomater
- 1 tsk röd paprikaflingor
- Salta och peppra efter smak
- Hackad färsk basilika till garnering

INSTRUKTIONER:

a) Koka upp vattnet eller grönsaksbuljongen i en kastrull.
b) Vispa långsamt i polentan, rör hela tiden för att förhindra klumpar.
c) Sänk värmen till låg och låt sjuda, rör om då och då, tills polentan är tjock och krämig, cirka 20-25 minuter.
d) Värm olivoljan på medelvärme i en annan kastrull.
e) Tillsätt den hackade löken och hackad vitlök i kastrullen. Koka tills det mjuknat, ca 5 minuter.
f) Rör ner de tärnade tomaterna och rödpepparflingorna. Sjud i 10-15 minuter, tills såsen har tjocknat något.
g) Vik ner den avrunna majsen i den kokta polentan.
h) Servera sockermajspolentan med den kryddiga tomatsåsen på toppen.
i) Garnera med hackad färsk basilika innan servering.

74. Sockermajs grönsaksmedley med räkor och nudlar

INGREDIENSER:
- 1 burk (15 ounces) majs, avrunnen
- 8 uns råa räkor, skalade och deveirade
- 8 uns nudlar efter eget val
- 2 matskedar olivolja
- 1 lök, skivad
- 2 vitlöksklyftor, hackade
- 1 paprika, skivad
- 1 zucchini, skivad
- 1 morot, finhackad
- Salta och peppra efter smak
- Sojasås till servering

INSTRUKTIONER:
a) Koka nudlarna enligt anvisningarna på förpackningen. Häll av och ställ åt sidan.
b) Värm olivoljan på medelvärme i en stor stekpanna.
c) Tillsätt den skivade löken och den hackade vitlöken i stekpannan. Koka tills det mjuknat, ca 5 minuter.
d) Tillsätt paprikan, zucchinin och moroten i stekpannan. Koka tills grönsakerna är mjuka, knapriga, ca 5-7 minuter.
e) Lägg till de råa räkorna i stekpannan och koka tills de är rosa och ogenomskinliga, cirka 2-3 minuter per sida.
f) Rör ner den avrunna majsen och kokta nudlarna. Koka tills den är genomvärmd.
g) Krydda med salt och peppar efter smak.
h) Servera varm med sojasås vid sidan av.

75.Tempeh & Sockermajsstek med svamp

INGREDIENSER:
- 1 burk (15 ounces) majs, avrunnen
- 8 uns tempeh, skivad
- 2 matskedar olivolja
- 1 lök, skivad
- 2 vitlöksklyftor, hackade
- 8 uns svamp, skivad
- 2 matskedar tahini
- Salta och peppra efter smak
- Hackad färsk persilja till garnering

INSTRUKTIONER:
a) Värm ugnen till 375°F (190°C).
b) Värm olivoljan på medelvärme i en stekpanna.
c) Tillsätt den skivade löken och den hackade vitlöken i stekpannan. Koka tills det mjuknat, ca 5 minuter.
d) Tillsätt de skivade svamparna i stekpannan. Koka tills svampen är brun och mjuk, ca 8-10 minuter.
e) Lägg den skivade tempen i en ugnsform.
f) Häll den kokta lök- och svampblandningen över tempen.
g) Fördela den avrunna majsen över toppen.
h) Ringla tahinin jämnt över sockermajsen.
i) Krydda med salt och peppar efter smak.
j) Grädda i den förvärmda ugnen i 20-25 minuter tills den är genomvärmd och gyllenbrun.
k) Garnera med hackad färsk persilja innan servering.

76. Sockermajsfritters med sötpotatischips

INGREDIENSER:
- 1 burk (15 ounces) majs, avrunnen
- 1/2 kopp universalmjöl
- 1/2 tsk bakpulver
- 1/2 tsk röd currypasta
- 1 ägg
- 2 msk kokosmjölk
- Vegetabilisk olja för stekning
- Salta och peppra efter smak
- Sötpotatis, tunt skivad i chips

INSTRUKTIONER:
a) I en skål, kombinera majs, allroundmjöl, bakpulver, röd currypasta, ägg och kokosmjölk. Blanda väl till en smet.
b) Värm vegetabilisk olja i en stekpanna på medelhög värme.
c) Häll ner skedar av smeten i den heta oljan och platta till något med baksidan av skeden.
d) Stek frittorna tills de är gyllenbruna och krispiga på båda sidor, ca 2-3 minuter per sida. Låt rinna av på hushållspapper och strö över salt och peppar.
e) Stek sötpotatischipsen i samma panna tills de är knapriga och gyllenbruna.
f) Servera de thailändska majsfritterna med sötpotatischipsen vid sidan av.

77. Tomat-, majs- och basilikasoppa med pestokrutonger

INGREDIENSER:
- 1 burk (15 ounces) majs, avrunnen
- 1 burk (14,5 uns) tärnade tomater
- 1 lök, hackad
- 2 vitlöksklyftor, hackade
- 4 dl grönsaksbuljong
- 1/4 kopp hackad färsk basilika
- Salta och peppra efter smak
- Olivolja till stekning
- Brödskivor, i tärningar
- Pesto till servering

INSTRUKTIONER:
a) Värm olivolja på medelvärme i en stor gryta.
b) Tillsätt den hackade löken och hackad vitlök i grytan. Koka tills det mjuknat, ca 5 minuter.
c) Rör ner de tärnade tomaterna, grönsaksbuljongen och avrunnen majs. Koka upp, sänk sedan värmen och låt sjuda i 15-20 minuter.
d) Använd en stavmixer för att mixa soppan tills den är slät. Alternativt kan du överföra soppan i omgångar till en mixer och mixa tills den är slät och sedan tillbaka till grytan.
e) Rör ner den hackade färska basilikan och smaka av med salt och peppar.
f) Värm olivolja på medelvärme i en stekpanna. Tillsätt brödtärningarna och rör om tills de är gyllene och krispiga.
g) Servera tomat-, majs- och basilikasoppan varm, toppad med pestokrutonger.

78.Tonfisk och Sockermajspizza

INGREDIENSER:
- 1 burk (15 ounces) majs, avrunnen
- 1 färdiggjord pizzabotten
- 1/2 kopp tomatsås
- 1 burk (5 ounces) tonfisk, avrunnen
- 1 dl riven mozzarellaost
- 1/4 kopp skivade svarta oliver
- 1/4 kopp skivad rödlök
- 1 msk olivolja
- Salta och peppra efter smak

INSTRUKTIONER:
a) Värm ugnen enligt anvisningarna på pizzacrustpaketet.
b) Fördela tomatsås jämnt över pizzaskalet.
c) Strö avrunnen majs, tonfisk, strimlad mozzarellaost, skivade svarta oliver och skivad rödlök över såsen.
d) Ringla olivolja över toppingen och smaka av med salt och peppar.
e) Grädda i den förvärmda ugnen enligt anvisningarna på pizzacrustpaketet, tills skorpan är gyllene och osten smält och bubblig.
f) Skiva och servera varma.

KRÄDAD MAJS

79. Gräddade majspannkakor

INGREDIENSER:
- 1 kopp universalmjöl
- 1 tsk bakpulver
- 1/2 tsk bakpulver
- 1/4 tsk salt
- 2 matskedar strösocker
- 1 kopp konserverad krämig majs
- 1/2 kopp mjölk
- 1 stort ägg
- 2 msk osaltat smör, smält
- Smör eller olja för matlagning

INSTRUKTIONER:
a) Vispa ihop mjöl, bakpulver, bakpulver, salt och strösocker i en stor bunke.
b) I en annan skål, kombinera den konserverade krämade majsen, mjölken, ägget och det smälta smöret. Blanda tills det är väl blandat.
c) Häll de blöta ingredienserna i de torra ingredienserna och rör om tills det precis blandas. Blanda inte för mycket; det är okej om det är några klumpar i smeten.
d) Hetta upp en stekpanna eller stekpanna på medelvärme och smörj lätt med smör eller olja.
e) Häll cirka 1/4 kopp smet i stekpannan för varje pannkaka.
f) Koka tills det bildas bubblor på pannkakornas yta och kanterna börjar se stelna ut, ca 2-3 minuter.
g) Vänd pannkakorna och stek i ytterligare 1-2 minuter på andra sidan, eller tills de är gyllenbruna och genomstekta.
h) Upprepa med resterande smet, smörj stekpannan efter behov.
i) Servera pannkakorna varma med dina favoritpålägg, som lönnsirap, honung eller färsk frukt.

80.Grädde majs majsbröd

INGREDIENSER:
- 1 kopp gult majsmjöl
- 1 kopp universalmjöl
- 1 msk bakpulver
- 1/2 tsk bakpulver
- 1/2 tsk salt
- 1/4 kopp strösocker
- 1 burk (14,75 ounces) krämig majs
- 1/2 kopp gräddfil
- 1/4 kopp osaltat smör, smält
- 2 stora ägg

INSTRUKTIONER:
a) Värm ugnen till 375°F (190°C). Smörj en 9x9 tums långpanna eller en gjutjärnspanna.
b) I en stor blandningsskål, vispa samman majsmjöl, universalmjöl, bakpulver, bakpulver, salt och strösocker.
c) I en annan skål, blanda ihop krämig majs, gräddfil, smält smör och ägg tills det är väl kombinerat.
d) Häll de blöta ingredienserna i de torra ingredienserna och rör om tills det precis blandas. Blanda inte för mycket; det är okej om det är några klumpar i smeten.
e) Häll smeten i den förberedda bakformen eller stekpannan och fördela den jämnt.
f) Grädda i den förvärmda ugnen i 25-30 minuter, eller tills majsbrödet är gyllenbrunt och en tandpetare som sticks in i mitten kommer ut ren.
g) Ta ut ur ugnen och låt den svalna i några minuter innan du skär upp den.
h) Servera varm som tillbehör eller mellanmål.

81.Gräddade majs sötpotatisquicher

INGREDIENSER:
- 1 kopp sötpotatismos (ca 2 medelstora sötpotatisar)
- 1 kopp konserverad krämig majs
- 4 stora ägg
- 1/2 kopp mjölk
- 1/2 kopp strimlad cheddarost
- 1/4 kopp hackad salladslök
- 1/2 tsk vitlökspulver
- Salta och peppra efter smak
- 1 färdiggjord pajskal eller hemmagjord skal

INSTRUKTIONER:
a) Värm ugnen till 375°F (190°C). Smörj en muffinsform eller klä den med muffinsfodral.
b) Förbered sötpotatisen genom att antingen grädda eller koka den tills den är mjuk och sedan mosa den tills den är slät. Låt dem svalna något.
c) Kombinera den mosade sötpotatisen, konserverad majs, ägg, mjölk, riven cheddarost, hackad salladslök, vitlökspulver, salt och peppar i en mixerskål. Blanda tills det är väl blandat.
d) Kavla ut pajskalet och använd en rund kakform eller ett glas för att skära ut cirklar något större än storleken på varje muffinsform.
e) Tryck ut varje cirkel av pajskal i botten och upp på sidorna av varje muffinsform för att bilda minipajskal.
f) Häll den krämade majssötpotatisblandningen i varje muffinskopp, fyll dem nästan till toppen.
g) Grädda i den förvärmda ugnen i 20-25 minuter, eller tills quicherna stelnat och kanterna på skorpan är gyllenbruna.
h) Ta ut ur ugnen och låt dem svalna några minuter innan servering.
i) Servera varm som en läcker förrätt eller mellanmål.

82.Tonfisk och krämig majsmakaroner

INGREDIENSER:
- 8 uns armbågsmakaroner
- 1 burk (14,75 ounces) krämig majs
- 1 burk (5 ounces) tonfisk, avrunnen
- 1 dl riven cheddarost
- 1/4 kopp riven parmesanost
- 1/2 kopp mjölk
- 2 msk osaltat smör
- 2 msk universalmjöl
- 1/2 tsk vitlökspulver
- Salta och peppra efter smak
- Hackad färsk persilja till garnering (valfritt)

INSTRUKTIONER:
a) Koka armbågsmakaronerna enligt anvisningarna på förpackningen tills de är al dente. Häll av och ställ åt sidan.
b) Smält smöret på medelvärme i en stor stekpanna.
c) Rör ner universalmjölet och koka under konstant omrörning i 1-2 minuter för att göra en roux.
d) Vispa gradvis i mjölken tills den är slät och tjock.
e) Rör ner krämig majs, avrunnen tonfisk, strimlad cheddarost, riven parmesanost, vitlökspulver, salt och peppar. Blanda tills ostarna smält och såsen är väl blandad.
f) Tillsätt de kokta armbågsmakaronerna i stekpannan och rör tills den är jämnt täckt med såsen.
g) Koka i ytterligare 2-3 minuter, eller tills den är genomvärmd.
h) Smaka av och justera eventuellt krydda.
i) Garnera med hackad färsk persilja, om så önskas, innan servering.

83.Majspaj

INGREDIENSER:
- ½ dl Margarin eller annat matfett
- 1 tsk vanilj
- 1 dl mjölk eller mjölkersättning
- 3 ägg, eller 1 helt ägg och 3 äggvitor
- 1 kopp mjöl
- 1 tsk Bakpulver
- 1 skvätt salt (valfritt)
- 2 burkar (16 oz) krämig majs

INSTRUKTIONER:
a) Tillsätt alla ingredienser utom majs och blanda väl.
b) Tillsätt majsen och blanda.
c) Grädda i 350 grader tills de är fasta, cirka en timme.

84. Majs soppa

INGREDIENSER:
- 1½ pounds Salted Pigtails skurna i bitar och kokta
- 1 ¼ koppar gula delade ärtor, tvättade
- 5 ¼ koppar vatten
- 4 vitlöksklyftor, krossade
- 2 msk kokosolja
- 6 kvistar färsk timjan
- 1 lök, tärnad
- 2 stjälkar selleri, tärnade
- ¼ kopp hackad färsk persilja
- 3 salladslökar, hackade
- 3 Pimiento paprikor, tärnade
- 2 Red Bird's Eye Chili Pepper
- 3 matskedar hackade korianderblad
- ¼ tesked nymalen svartpeppar
- 2 koppar tärnade pumpor
- 2 koppar tärnad sötpotatis
- 2 dl kycklingfond
- 1½ dl kokosmjölk
- 2 morötter, tärnade
- 4 Majs skuren i bitar
- 1 burk Gräddmajs
- 1 kopp fryst majs
- 1 kopp allsidigt mjöl
- 1 nypa salt

INSTRUKTIONER:
a) Kombinera de kokta flätor med de gula delade ärterna och vitlöken och låt koka upp.
b) Sjud i 35-40 minuter eller tills ärtorna är mjuka.
c) Värm kokosnötoljan över medelhög låga och tillsätt sedan lök, salladslök, färsk timjan, pimiento-peppar, korianderblad, färsk persilja, chilipeppar med röd fågelöga, selleri och nymalen svartpeppar. Koka i ca 4-5 minuter.
d) Tillsätt sötpotatis, pumpor och morötter och rör om väl. Tillsätt sedan kycklingfonden och låt koka upp i ca 25 minuter.

e) Tillsätt ärtorna/pigtailen i soppgrytan och rör om väl.
f) Tillsätt kokosmjölk, fryst majs och krämig majs.
g) Sjud i ytterligare 20 minuter.
h) Häll vatten, allsidigt mjöl och salt i en skål och knåda till en mjuk deg. Låt degen vila i ca 5 minuter.
i) Dela i 3 mindre bollar och rulla ut varje del till ett tjockt sugrör, cylinder.
j) Skär i lagom stora bitar och lägg i den kokande soppan.
k) Tillsätt de skurna majsbitarna och koka i ca 5 minuter.

85.Karibiskt Habanero majsbröd

INGREDIENSER:
- 1 kopp gult majsmjöl
- 1 kopp mjöl; alla ändamål
- 1 matsked socker
- 2½ tesked Bakpulver
- ½ tsk salt
- ¼ kopp salladsolja
- 1 stort ägg
- 1 burk gräddad majs; (8 1/2 oz.)
- ½ kopp vanlig yoghurt med låg fetthalt
- ½ kopp Monterey jack ost; strimlad
- 2 matskedar Habanero chili; mald
- 2 matskedar Anaheim chilipeppar; mald

INSTRUKTIONER:
a) I en stor skål, rör om för att kombinera majsmjöl, mjöl, socker, bakpulver och salt.
b) Tillsätt olja, ägg, majs, yoghurt, ost, habaneros och rör om tills ingredienserna är jämnt fuktade.
c) Häll smeten i en oljad 8-tums fyrkantig panna. Grädda i en 375 F. ugn tills brödet är gyllenbrunt och börjar dra från pannans sidor, 30-35 minuter.

86. Caramel Popcorn Extravaganza Cupcakes

INGREDIENSER:
CUPCAKES:
- 3 ½ koppar universalmjöl
- 1 ¼ koppar superfint strösocker
- 3 tsk bakpulver
- ½ tsk fint salt
- ½ kopp osaltat smör, mjukat
- 2 stora ägg
- 1 ½ dl helmjölk
- ½ kopp vegetabilisk olja
- 2 msk grekisk yoghurt eller gräddfil
- 1 tsk vaniljextrakt eller vaniljstångspasta
- 1 kopp smörkolasås
- ¾ kopp krämig majs
- Karamell popcorn

GLASYR:
- 1 sats Fluffy Buttercream frosting

INSTRUKTIONER:
CUPCAKES:
a) Värm ugnen till 180°C (356°F).
b) Kombinera de torra ingredienserna (mjöl, strösocker, bakpulver och salt) i skålen på en stavmixer utrustad med paddeltillbehöret och blanda på låg hastighet.
c) Blanda alla våta ingredienser i en separat skål (yoghurt, ägg, krämig majs, mjölk, olja och vanilj).
d) Tillsätt det mjukade smöret till de torra ingredienserna och blanda tills smeten ser kornig ut med en sandliknande konsistens.
e) Tillsätt gradvis de våta ingredienserna i en långsam och jämn ström, blanda tills de är väl blandade. Skrapa ner skålen för att säkerställa att alla ingredienser ingår.
f) Häll smeten i förberedda cupcakeformar klädda med cupcakepapper, fyll dem ungefär ¾ av vägen.
g) Grädda i 20-25 minuter eller tills ett spett som sticks in i mitten kommer ut med fuktiga smulor.

h) När cupcakes har svalnat helt, använd en kniv eller äppelkärna för att skapa ett hål i mitten av varje cupcake. Fyll hålen med smörkolasås.

GLASYR:
i) Förbered en sats av Fluffy Buttercream frosting.

HOPSÄTTNING:
j) Använd ett vanligt munstycke för att sprida cupcakes med smörkrämfrosting.
k) Ringla mer smörkolassås ovanpå de frostade cupcakesna.
l) Toppa varje cupcake med ett kluster av karamellpopcorn.

87.Quinoa majs chowder

INGREDIENSER:
- ½ kopp quinoa , kokt
- 1 kopp potatis, tärnad
- 2 morötter
- 2 små lökar
- 3 koppar majs -- kan delvis krämas
- 2 koppar mjölk
- 1½ tsk salt
- Nymalen svartpeppar
- ½ kopp persilja
- Smör

INSTRUKTIONER:
a) Sjud quinoa, potatis, morot, sellerilök tills de är mjuka (ca 15 min).
b) Tillsätt majs. Koka upp igen och låt sjuda ytterligare ca 5 minuter. Tillsätt mjölk.
c) Låt bara koka upp. Krydda efter smak. Garnera med persilja och en klick smör.

88.Gräddad majsgryta

INGREDIENSER:
- 2 burkar (14,75 uns vardera) krämig majs
- 1 burk (15,25 ounces) hel majskärna, avrunnen
- 1 låda (8,5 uns) majsbrödsblandning
- 1/2 kopp gräddfil
- 1/4 kopp smält smör
- 1 dl riven cheddarost
- Salta och peppra efter smak
- Valfritt: hackad salladslök till garnering

INSTRUKTIONER:
a) Värm ugnen till 350°F (175°C). Smörj en 9x13 tums ugnsform.
b) I en stor blandningsskål, kombinera den gräddade majsen, avrunnen hel majskärna, majsbrödsblandning, gräddfil, smält smör, strimlad cheddarost, salt och peppar. Blanda tills det är väl blandat.
c) Häll blandningen i den förberedda ugnsformen och fördela den jämnt.
d) Grädda i den förvärmda ugnen i 45-50 minuter, eller tills grytan stelnat och toppen är gyllenbrun.
e) Ta ut ur ugnen och låt den svalna några minuter innan servering.
f) Garnera med hackad salladslök, om så önskas, och servera varm.

89. Gräddad majsdip

INGREDIENSER:
- 2 burkar (14,75 uns vardera) krämig majs
- 1 burk (4 uns) tärnad grön chili, avrunnen
- 1 dl riven cheddarost
- 1/2 kopp gräddfil
- 1/4 kopp majonnäs
- 1/4 kopp hackad salladslök
- 1 tsk vitlökspulver
- Salta och peppra efter smak
- Tortillachips eller kex till servering

INSTRUKTIONER:
a) Värm ugnen till 350°F (175°C).
b) Kombinera den gräddade majsen, tärnad grön chili, strimlad cheddarost, gräddfil, majonnäs, hackad salladslök, vitlökspulver, salt och peppar i en mixerskål. Blanda tills det är väl blandat.
c) Lägg över blandningen i en ugnsform och fördela den jämnt.
d) Grädda i den förvärmda ugnen i 25-30 minuter, eller tills dippen är bubblig och toppen är lätt gyllenbrun.
e) Ta ut ur ugnen och låt den svalna några minuter innan servering.
f) Servera ljummen med tortillachips eller kex till doppning.

90.Gräddad majs och spenat fyllda kycklingbröst

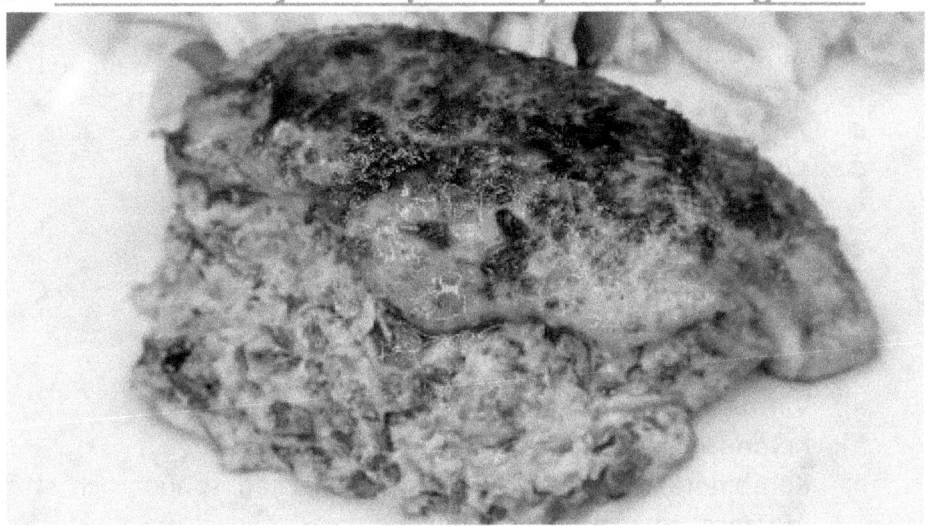

INGREDIENSER:
- 4 benfria, skinnfria kycklingbröst
- Salta och peppra efter smak
- 1 burk (14,75 ounces) krämig majs
- 1 dl hackad spenat
- 1/2 kopp strimlad mozzarellaost
- 1 msk olivolja
- 2 vitlöksklyftor, hackade
- Hackad färsk persilja till garnering

INSTRUKTIONER:
a) Värm ugnen till 375°F (190°C).
b) Krydda kycklingbrösten med salt och peppar.
c) Kombinera den gräddade majsen, hackad spenat och strimlad mozzarellaost i en blandningsskål.
d) Skär en skåra i sidan av varje kycklingbröst för att skapa en ficka.
e) Fyll varje kycklingbröst med den gräddade majsblandningen.
f) Värm olivolja i en ugnssäker stekpanna på medelhög värme.
g) Tillsätt den hackade vitlöken i stekpannan och koka tills den doftar, cirka 1 minut.
h) Lägg de fyllda kycklingbrösten i stekpannan och stek på varje sida tills de är gyllenbruna, ca 2-3 minuter per sida.
i) För över stekpannan till den förvärmda ugnen och grädda i 20-25 minuter, eller tills kycklingen är genomstekt.
j) Garnera med hackad färsk persilja innan servering.

91. Gräddad majs- och skinkaquiche

INGREDIENSER:
- 1 färdiggjord pajskal
- 2 burkar (14,75 uns vardera) krämig majs
- 1 kopp tärnad skinka
- 1 dl riven schweizisk ost
- 4 ägg
- 1/2 kopp mjölk
- Salta och peppra efter smak
- Hackad färsk gräslök till garnering

INSTRUKTIONER:
a) Värm ugnen till 375°F (190°C).
b) Klä en pajform med det färdiggjorda pajskalet och krympa kanterna.
c) Kombinera den gräddade majsen, tärnad skinka och riven schweizisk ost i en blandningsskål. Blanda väl.
d) Vispa ihop ägg och mjölk i en annan skål. Krydda med salt och peppar.
e) Häll äggblandningen över den gräddade majsblandningen och rör om för att kombinera.
f) Häll blandningen i det förberedda pajskalet.
g) Grädda i den förvärmda ugnen i 35-40 minuter, eller tills quichen stelnat och skorpan är gyllenbrun.
h) Ta ut ur ugnen och låt den svalna i några minuter innan du skär upp den.
i) Garnera med hackad färsk gräslök innan servering.

92.Gräddad majs och baconfyllda svampar

INGREDIENSER:
- 1 burk (14,75 ounces) krämig majs
- 12 stora champinjoner, stjälkarna borttagna och locken rengjorda
- 6 skivor bacon, kokta och smulade
- 1/2 kopp strimlad mozzarellaost
- 2 msk riven parmesanost
- 2 salladslökar, tunt skivade
- Salta och peppra efter smak

INSTRUKTIONER:
a) Värm ugnen till 375°F (190°C).
b) Kombinera den gräddade majsen, kokt smulad bacon, riven mozzarellaost, riven parmesanost, skivad salladslök, salt och peppar i en mixerskål. Blanda väl.
c) Häll den krämade majsblandningen i varje svamplock, fyll dem generöst.
d) Lägg de fyllda svamparna på en bakplåtspappersklädd plåt.
e) Grädda i den förvärmda ugnen i 15-20 minuter, eller tills svampen är mjuk och fyllningen är genomvärmd.
f) Ta ut ur ugnen och låt dem svalna några minuter innan servering.

93. Gräddad majs och korv frukost gryta

INGREDIENSER:
- 2 burkar (14,75 uns vardera) krämig majs
- 1 pund frukostkorv, kokt och smulad
- 6 skivor bröd, i tärningar
- 8 ägg
- 1 dl riven cheddarost
- 1/2 kopp mjölk
- 1/4 kopp hackad salladslök
- Salta och peppra efter smak

INSTRUKTIONER:
a) Värm ugnen till 350°F (175°C). Smörj en 9x13 tums ugnsform.
b) Kombinera den gräddade majsen, den kokta smulade frukostkorven, tärningsbröd, strimlad cheddarost, hackad salladslök, salt och peppar i en stor blandningsskål. Blanda väl.
c) Vispa ihop ägg och mjölk i en annan skål.
d) Häll äggblandningen över den gräddade majsblandningen och rör om för att kombinera.
e) Häll blandningen i den förberedda ugnsformen och fördela den jämnt.
f) Grädda i den förvärmda ugnen i 40-45 minuter, eller tills grytan stelnat och toppen är gyllenbrun.
g) Ta ut ur ugnen och låt den svalna några minuter innan servering.

94.Gräddad majs och krabba fyllda paprika

INGREDIENSER:
- 2 burkar (14,75 uns vardera) krämig majs
- 1 kopp kokt krabbkött
- 4 paprikor, halverade och kärnorna borttagna
- 1 kopp kokt ris
- 1/2 kopp strimlad Monterey Jack ost
- 2 salladslökar, tunt skivade
- Salta och peppra efter smak
- Hackad färsk persilja till garnering

INSTRUKTIONER:
a) Värm ugnen till 375°F (190°C). Smörj en ugnsform.
b) I en blandningsskål, kombinera den gräddade majsen, det kokta krabbköttet, det kokta riset, den rivna Monterey Jack-osten, skivad salladslök, salt och peppar. Blanda väl.
c) Fyll varje paprikahalva med den gräddade majsblandningen.
d) Lägg de fyllda paprikorna i den förberedda ugnsformen.
e) Täck formen med aluminiumfolie och grädda i den förvärmda ugnen i 25-30 minuter.
f) Ta bort folien och grädda i ytterligare 10-15 minuter, eller tills paprikorna är mjuka och fyllningen är genomvärmd.
g) Ta ut ur ugnen och låt dem svalna några minuter innan servering.
h) Garnera med hackad färsk persilja innan servering.

95. Gräddpaj med majs och kyckling

INGREDIENSER:
- 2 burkar (14,75 uns vardera) krämig majs
- 2 dl kokt kyckling, strimlad
- 1 kopp frysta blandade grönsaker (morötter, ärtor, majs, gröna bönor)
- 1/2 dl kycklingbuljong
- 1/4 kopp universalmjöl
- 1/4 kopp tung grädde
- Salta och peppra efter smak
- 1 färdiggjord pajskal

INSTRUKTIONER:
a) Värm ugnen till 375°F (190°C). Smörj en pajform.
b) Kombinera den gräddade majsen, den kokta strimlade kycklingen, frysta blandade grönsakerna, kycklingbuljongen, universalmjölet, grädden, salt och peppar i en stor blandningsskål. Blanda väl.
c) Häll blandningen i den förberedda pajformen.
d) Lägg det färdiggjorda pajskalet över toppen av fyllningen och krympa kanterna för att täta.
e) Skär några skåror i toppen av skorpan så att ånga kan komma ut.
f) Grädda i den förvärmda ugnen i 35-40 minuter, eller tills skorpan är gyllenbrun och fyllningen är bubblig.
g) Ta ut ur ugnen och låt den svalna några minuter innan servering.

96.Gräddade majs- och baconpotatisskinn

INGREDIENSER:
- 4 stora rödbruna potatisar
- 2 burkar (14,75 uns vardera) krämig majs
- 6 skivor bacon, kokta och smulade
- 1 dl riven cheddarost
- 2 salladslökar, tunt skivade
- Salta och peppra efter smak
- Gräddfil till servering

INSTRUKTIONER:
a) Värm ugnen till 400°F (200°C).
b) Skrubba potatisen ren och stick hål i den med en gaffel. Lägg dem på en plåt och grädda i den förvärmda ugnen i 45-60 minuter, eller tills de är mjuka.
c) Låt potatisen svalna något och halvera den sedan på längden. Skopa ur lite av köttet från varje potatishalva för att skapa en brunn.
d) Kombinera den gräddade majsen, kokt smulad bacon, strimlad cheddarost, skivad salladslök, salt och peppar i en blandningsskål. Blanda väl.
e) Häll den krämade majsblandningen i varje potatisskalhalva, fyll dem generöst.
f) Sätt tillbaka de fyllda potatisskalen i ugnen och grädda i ytterligare 10-15 minuter, eller tills fyllningen är genomvärmd och osten smält och bubblig.
g) Ta ut ur ugnen och låt dem svalna några minuter innan servering.
h) Servera varm, med en klick gräddfil på toppen.

97. Gräddad majs och bacon fyllda Jalapeños

INGREDIENSER:
- 12 stora jalapeñopeppar, halverade och frön borttagna
- 2 burkar (14,75 uns vardera) krämig majs
- 6 skivor bacon, kokta och smulade
- 1/2 kopp strimlad cheddarost
- 2 msk riven parmesanost
- Salta och peppra efter smak

INSTRUKTIONER:
a) Värm ugnen till 375°F (190°C).
b) Kombinera den gräddade majsen, kokt smulad bacon, riven cheddarost, riven parmesanost, salt och peppar i en mixerskål. Blanda väl.
c) Fyll varje jalapeñohalva med den krämade majsblandningen, tryck försiktigt ner den.
d) Lägg de fyllda jalapeñosna på en bakplåtspappersklädd plåt.
e) Grädda i den förvärmda ugnen i 20-25 minuter, eller tills paprikorna är mjuka och fyllningen är genomvärmd.
f) Ta ut ur ugnen och låt dem svalna några minuter innan servering.

98.Creamed majs och bacon deviled ägg

INGREDIENSER:
- 6 hårdkokta ägg, skalade och halverade
- 2 burkar (14,75 uns vardera) krämig majs
- 4 skivor bacon, kokta och smulade
- 2 msk majonnäs
- 1 msk dijonsenap
- Salta och peppra efter smak
- Hackad färsk gräslök till garnering

INSTRUKTIONER:
a) Skopa ur äggulorna från de hårdkokta äggen och lägg dem i en mixerskål.
b) Mosa äggulorna med en gaffel och tillsätt krämig majs, smulad bacon, majonnäs, dijonsenap, salt och peppar. Blanda tills det är väl blandat.
c) Häll den krämade majsblandningen i äggvitehalvorna, dela jämnt.
d) Garnera med hackad färsk gräslök innan servering.

99.Gräddad majs och cheddarfyllda kycklingbröst

INGREDIENSER:
- 4 benfria, skinnfria kycklingbröst
- Salta och peppra efter smak
- 2 burkar (14,75 uns vardera) krämig majs
- 1 dl riven cheddarost
- 1/4 kopp hackad färsk persilja
- 1 msk olivolja

INSTRUKTIONER:
a) Värm ugnen till 375°F (190°C).
b) Krydda kycklingbrösten med salt och peppar.
c) Kombinera den gräddade majsen, riven cheddarost och hackad färsk persilja i en blandningsskål. Blanda väl.
d) Skär en skåra i sidan av varje kycklingbröst för att skapa en ficka.
e) Fyll varje kycklingbröst med den gräddade majsblandningen.
f) Värm olivolja i en ugnssäker stekpanna på medelhög värme.
g) Lägg till de fyllda kycklingbrösten i stekpannan och stek i 3-4 minuter på varje sida tills de är gyllenbruna.
h) För över stekpannan till den förvärmda ugnen och grädda i 20-25 minuter, eller tills kycklingen är genomstekt.
i) Servera varm.

100.Gräddad majs och potatisgratäng

INGREDIENSER:
- 2 burkar (14,75 uns vardera) krämig majs
- 4 stora potatisar, skalade och tunt skivade
- 1 lök, tunt skivad
- 2 vitlöksklyftor, hackade
- 1 kopp strimlad Gruyereost
- 1/2 kopp riven parmesanost
- 1/2 kopp tung grädde
- 2 matskedar smör
- Salta och peppra efter smak
- Hackad färsk timjan till garnering

INSTRUKTIONER:
a) Värm ugnen till 375°F (190°C). Smörj en ugnsform.
b) Smält smöret på medelvärme i en kastrull.
c) Tillsätt den tunt skivade löken och finhackad vitlök i kastrullen. Koka tills det mjuknat, ca 5 minuter.
d) Varva hälften av den skivade potatisen i botten av den förberedda ugnsformen.
e) Fördela hälften av den gräddade majsblandningen över potatisen.
f) Strö hälften av den rivna gruyereosten och riven parmesanost över den gräddade majsblandningen.
g) Upprepa lagren med den återstående potatisen, krämig majsblandning och ostar.
h) Häll den tunga grädden över toppen.
i) Täck ugnsformen med aluminiumfolie och grädda i den förvärmda ugnen i 45 minuter.
j) Ta bort folien och grädda i ytterligare 15-20 minuter, eller tills potatisen är mjuk och toppen är gyllenbrun.
k) Garnera med hackad färsk timjan innan servering.

SLUTSATS

När vi avslutar vår resa genom de söta och salta smakerna av konserverad majs, hoppas jag att du känner dig inspirerad att omfamna denna ödmjuka skafferi och lyfta dina kulinariska skapelser till nya höjder. "DEN KOMPLETTA MAJS KOKBOKEN" har skapats med en passion för att fira majsens rika och mångsidiga smaker, och visa upp dess mångsidighet och läckerhet i en mängd inspirerade recept.

När du fortsätter dina kulinariska äventyr, kom ihåg att konserverad majs är mer än bara ett bekvämt skafferi – det är en mångsidig ingrediens som kan ge djup, smak och konsistens till ett brett utbud av rätter. Oavsett om du förbereder en snabb veckokvällsmåltid eller är värd för en festlig sammankomst med vänner och familj, är konserverad majs säkerligen ett välkommet tillskott till din köksrepertoar.

Tack för att du följde med mig på denna kulinariska resa. Må dina måltider alltid vara fyllda med den söta och salta godheten av konserverad majs, och må ditt kök fortsätta att vara en plats för kreativitet, inspiration och läckra upptäckter. Tills vi ses igen, glad matlagning och god aptit!

www.ingramcontent.com/pod-product-compliance
Lightning Source LLC
Chambersburg PA
CBHW071907110526
44591CB00011B/1581